漢室江山興衰史

魏得勝 著

目次

第一章
心比天高

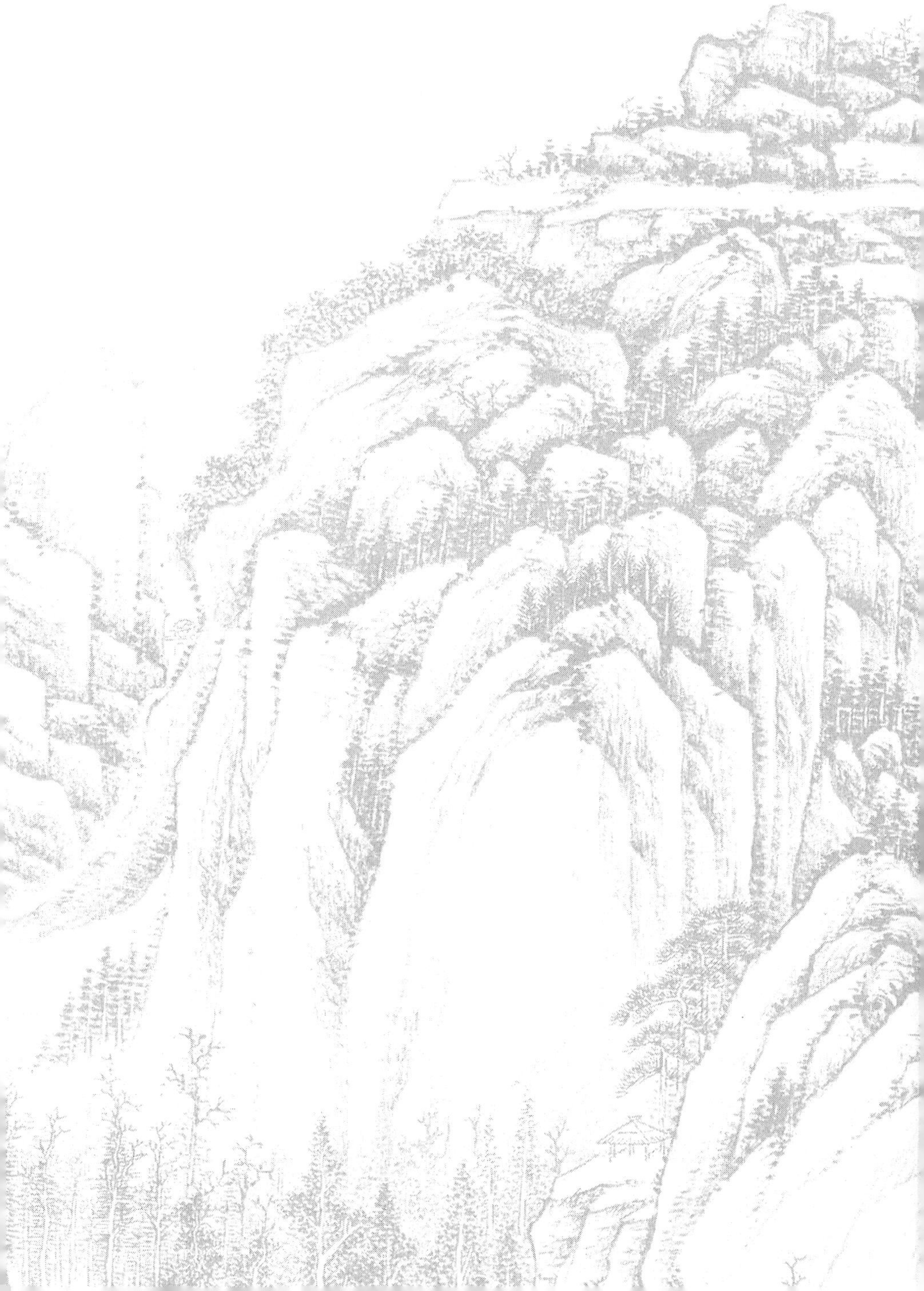

在外混事的人

歷史的難以書寫，就在於它不具有小說的懸念性與想像力，使人無法對情節充滿期待。歷史為人們所耳熟能詳，寫出來，倘能引人入勝，就只有靠作者的史觀，這同時也是史學家立世的資本。

我們現在來看劉邦，為尊者諱，便把他描述為革命家、謀略家、先驅者、締造者；但若把他當人看，便無所忌諱，這個層面的史學家，開口就是「劉邦當流氓那會兒」如何如何。是這樣的嗎？當然。劉邦年輕的時候，其父就這麼痛斥過他，說：「你看你這孩子啊，你的兄弟姐妹們，人人在家務農，安分守己。你呢？家裏的地也不種，整天到處瞎逛，混吃混喝。老天不長眼，怎就讓我養你這麼個流氓無賴！」

做父親的恨鐵不成鋼，斥責兒子到這個程度，就算是詈言了。其實，劉邦實際的流氓無賴情形，比他家老爺子罵的，還要甚之。他四處混吃混喝不說，就連他哥哥嫂嫂家也不放過。劉邦自己去哥哥嫂子家蹭飯倒也罷了，他還常常帶了手下一幫小混混、小流氓去趕飯碗，進門坐下就吃，還嫌不夠，更要酒喝。哥哥稍有遲疑，劉邦便怪話連篇：「哥哥敢是懼內？」嫂子在一旁聽了，怒道：「不是你哥懼內，是咱懼外！」說完，氣沖沖去廚房，抱來酒罈，砸在飯桌上。劉邦一邊給哥們倒酒，一邊無賴般的笑道：「哥哥果然不懼內！」

時間不大，劉邦們一通風捲殘雲，掃光粗食淡酒，耍著酒瘋，嬉皮笑臉，抹嘴走人。日久天長，哥哥嫂嫂怕他，一到飯時，便把吃的、喝的藏起來，以避流氓無賴。有一回，被劉邦看穿，他一副受虐的情態，滿腹不快道：「哥哥嫂子也忒不盡手足之情，不就一頓飯嘛，餓不著咱。」說完，悻悻而去。從此，再不上門。

小小情節，難以概述劉邦，更難以說清，他到底是怎樣的一個人。這麼說吧，青壯時期的劉邦，純是中國北方農村的一個混混，他混混到什麼程度呢？到了婚齡，也不打算成家。你以為他清心寡欲嗎？那倒不是。雖說劉邦沒有婚娶，並不等於他不沾葷腥，他不是混流氓的嗎，身邊怎能沒有女人呢？你見過哪個流氓的身邊缺席女人。劉邦自不例外，他的身邊有位曹姓女孩，他們的關係，用現在的話說，叫做同居。

我們無法知道，曹氏女孩是喜歡劉邦這個類型的男人，還是迫於劉邦在當地的惡名，總之，她一直作為劉邦的私室存在著，且給劉邦生了個大胖小子，取名劉肥。劉邦一生，育有八子①，劉肥為長。

我便在中國北方農村長大，大約知道那裏的混混的一些情形，不事勞作，好吃懶做，油嘴滑舌。但有紅白喜事，但有飯局，總有這類混混的身影。他們在那裏大呼小叫，迎來送往，勸人吃喝，他那股熱乎勁兒，比東家還東家。用北方話說，他還真不拿自己當外人。因混混名聲不佳，人們對他們總是敬而遠之。可以肯定地說，沒有人願意把自家女兒，嫁於混混；可是混混也總有他們的市場，與其難以管束，村幹部往往會拉攏混混的頭目，有時也讓他協理一些棘手問題，如對付雜稅、提留②、拆遷之類的釘子戶等等。

幹部做事，有政策法規約束，非個人利益關切，他們是不會跟老百姓耍流氓的。職業流氓不同，但有利益，不管大小，也不管路途有多遠，他們都會像惡鬼一樣衝鋒陷陣。為什麼？因為幹部通吃天下，把職業流氓的存活空間都擠壓沒了。在這一背景下，幹部們牙縫裏掉出來的飯粒，便成了職業流氓們的香餑餑。這時的流氓，嚴格來說，還不算是什麼職業流氓，而是街頭小混混。等幹部們依賴他們去啃硬骨頭（拔除各類釘子戶），進而協理執政時，他們才成為嚴格意義上的職業流氓。那時，老百姓就分不出誰是幹部、誰是流氓了。

一個人要想成為有所作為的流氓，就必須從小混混做起。所以，小混混們做事，往往兢兢業業，任勞任怨，不計得失，卓有成效。於是乎，混混頭目便在村幹部那裏成為炙手可熱的貨色。混混頭先是混跡村幹部們的酒場合，然後做一些邊緣性的行政事務。最終，有的成為治保委員乃至為治保主任。在農村，治保主任好歹也是個官，往大了說，那就是村幹部。這樣的人，很容易讓人忘記他原來的流氓面目，漸而記住他現在的治保主任角色。流氓顯貴，有人便開始屬意之。

劉邦出道時的角色，實際就是做鄉村治保主任。但在嬴政體制下，鄉村治保主任被稱作亭長③。為便於敘述，我們沿用舊稱。劉邦是如何做上亭長的，史書不詳。我們所知道的是，他做上亭長的時間，約在西元前二一六年④。這時的劉邦三十一歲，正直青壯。一個流氓混跡基層幹部隊伍，算是白道黑道都占了。在縣裏，劉邦這種身分興許就不是什麼，但在鄉村，那就是黑白通吃的角色。或因此，曹氏女孩甘願以身侍之。不是有那麼一句話嘛，叫做男不壞，女不愛。曹氏女孩也許看準劉邦的壞，才與之同居，且生養子嗣；曹氏女孩抑或無奈，亦未可知；倘若果然是她的無奈，那麼劉邦就是欺男霸女的主角。

另一方面，劉邦借助他的亭長一職，把手伸到縣衙，結識政府裏的兩位小幹部，那就是大名鼎鼎的蕭何與曹參。當然了，那時的蕭何與曹參，還只是一文不值的小人物。但對於劉邦來說，因為工作關係，能巴結上這二位，已經是手眼通天的本事了。蕭何、曹參，無論因為下鄉公幹，還是別的什麼事，只要途經劉邦治安的地盤，劉邦一定是要遠接高迎的。直到二十一世紀的今天，中國大陸官場都保持這一政治傳統，但凡上級來視察或遊玩，下級出迎，近則幾里，遠則幾十里。至於高迎，除了所費不菲的高檔酒席，還有宣誓效忠的橫幅標語，以及夜晚的美色。可謂名副其實的遠接高迎了。比較而言，劉邦的遠接高迎，怕也僅僅限於酒肉之味。

劉邦熱情接待縣裏的幹部，蕭何他們自然也就不把劉邦當外人，有個朋友聚會之類，也往往支應他一聲。話說這天，山東單縣一位叫呂文的先生，因為得罪了人，舉家遷到地鄰的沛縣避仇。單縣也罷，沛縣也罷，那裏的人，都操著一口笨拙的山東腔。這獨特的母語，淡化了兩縣的界限，人與人之間的往來，有種自然熟的成分在裏面。更重要的是，因為地鄰關係，彼此沾親帶故，你中有我、我中有你的情況，是少不了的。說了半天，呂文先生奔誰而來呢？那就是蕭何。

呂先生帶著家人來投奔蕭何，這本也沒什麼，來就來唄，買個閒置的宅子住下，不就得了。偏偏蕭何這個人行事不怎麼低調，邀宴三朋四友，為呂先生接風洗塵。講排場、撐面子，乃中國官場惡習；遂又相沿，為民間陋俗。當代中國有句泛政治詞彙，叫做「榜樣的力量是無窮的」；「榜樣」是個中性詞，可以是好的榜樣，也可以是壞的榜樣。不幸的是，中國帝制時代（亦即專制時代）的官場，其官員所帶給社會的，幾乎都是負面的。講排場、撐面子還算是輕的，官員們貪污奢靡的生活方式才是重中之重。帝國的貪官污吏，用他們奢靡的生活方式，帶動一國的奢靡之風。歷朝歷代的中央政府，因為不堪腐敗之重負，最終走向滅亡。從這一意義上說，榜樣的力量的確是無窮的。

蕭何邀宴，藉此展示他的氣場、人緣，劉邦正好藉此巴結更多縣府政要，緊著忙著，趕到縣城蕭何府上。北方有句俗語，很不中聽，叫做：「王八瞪綠豆，看對了眼。」呂文與劉邦，僅一面之交，便看對了眼，呂先生說什麼也要把十八歲的女兒呂雉，嫁給三十三歲的劉邦。這時的劉邦做亭長，已兩年矣。所謂惺惺相惜，是有道理的。史書有言，說這呂先生與人交惡，是以背井離鄉。由此可見，這呂文也不是省油的燈。唯呂先生與劉邦臭味相投，才有這機緣與姻緣。劉邦滿口承應這門婚事，顯示出其投機的一面。

劉邦跟曹氏女孩同居不說，連私生子都有了，為什麼不娶人家？到呂先生這裏，他又是為什麼，不假思索，便爽快答應娶人家的女兒？那是因為，呂先生是蕭何的朋友，巴結上這門親事，就等於跟蕭何這位縣幹部的關係，更鐵、更近了一步。所以，劉邦很快就把年輕漂亮的呂雉娶回農村老家，然後依舊去做他的亭長，依舊去曹氏那裏睡睡、看看兒子劉肥，依舊與縣裏的幹部喝個東倒西歪，依舊與地痞流氓打成一片，依舊尋花問柳。抽空，回家跟新婚燕爾的呂雉，溫存一番。兩三年工夫，劉邦與呂雉便生下一男一女，兒子叫劉盈，女兒叫劉樂。劉盈與劉樂兄妹的故事，我們將放在第四章來說。

不見史書記載呂雉對劉邦的態度，也許那並不重要。話又說回來，那時的劉邦與呂雉，籍籍無名，誰願將筆墨浪費在他們身上？劉邦再是亭長，也不過一村夫野莽。但有一點，通過簡略的記載，我們知道，呂雉是安於田園生活的，鋤禾刈草，養豬餵羊，廝守村婦之道。

①劉邦的八個兒子，即：劉肥（曹氏生）、劉盈（呂氏生）、劉如意（戚氏生）、劉恒（薄氏生）、劉長、劉友、劉恢、劉建。

②提留：毛澤東時代的一項農村經濟政策，土地國有，農民種國家的地，向國家繳納土地上所出產的一切果實。這種以物代稅的形式，稱之為提留。規定應繳的農作物份額沒有完成，便折算成錢，稱之為提留款。提留款也交不上，便計入往來帳中。農民面朝黃土背朝天勞作一年，往往分配不到口糧，還欠國家的。由於提留政策苛刻苦農，農民為保命，常常與徵收機構（生產隊、大隊、人民公社、鄉政府，甚至縣政府）發生衝突。每每夏秋收穫時節，徵收機構便雇用地痞流氓，充當他們一線的打手。打手不夠時，人民公社的派出所，直接開著警車去鄉村抓人。這種局面，直到二十一世紀初才終結。

③亭長，類似鄉村巡警，責任範圍在十里以內。劉邦所在的轄區，位於沛縣泗水。

④從這裏開始，本書但凡涉及「西元前某某年」的，則簡單表述為「前某某年」，如「前二一六年」；「西元某某年」的，則簡單表述為「某年」，如「一年、二〇一三年」。

去首都出差

專制環境下，去首都出差，似乎帶有某種身分色彩。普通百姓去首都，除了做生意，就是旅遊，不能稱之為出差。一九八〇年代，我去首都北京，一下火車，拉客住店的，便蜂擁而上。因未搭理，一位四十多歲的中年男人把白毛巾往肩上一搭，道：「哼，省裏多大的官，到了北京，什麼都不是！」這實在是一句讓人摸不著頭腦的話，雖說我一身戎裝，卻與他嘴裏所說的大官，毫無瓜葛，什麼意思？想了想，哦，他那意思無非是：「你個破當兵的咋還嫌棄我的店？你地方來的，省長都不值一提，你有什麼牛的資格？」那既是抱怨，也是一種驕傲，驕傲他是高人一等的北京市民。為何首都市民都高人一等呢？原因就在於，那是天子之腳下。那裏的許多人，至今都以此為傲；那裏的房價（以二〇一四年為例），動輒數萬一平方米，學區房甚至十多萬一平方米，有能力、無能力的人，照樣擠破頭皮似的，往北京湊。為什麼？全國方方面面的寶貴資源，全集中在了那裏，無法不令人嚮往。趨利避害，人之本性也。

秦朝首都咸陽，同樣令人神往。恰好這天，縣裏有到首都出差的任務，照理說，縣裏有自己的幹部，派去公幹就行了。可這是好事，不是誰想去就能去的。即便是現在，單位派出公差，去偏遠的地方，都是領導不待見的人；去北上廣①的，都是領導的紅人。很顯然，劉邦是縣裏某些人的紅人，所以，派他去首都出差，長長見識。帝國領導人嬴政，大約那時正在為自己修活人墓，或者修什麼宮殿（嬴政滅六國，把他們的宮殿，複製到咸陽，工程浩大）之類，需要很多工人。於是，向各郡縣發布行政命令，要求送不計其數的人到首都服勞役。全國一盤棋，領導一條線，行動一條心，專制嘛，講究的就是整齊劃一。誰脫離了這個軌道，誰就是圖謀分享「說一不二」的極權，必嚴懲不貸。

劉邦接到任務，與家人告別，帶上勞工隊伍，上路。到了首都咸陽，交罷差，劉邦想，來趟首都挺不容易的，到處走走看看，於個人而言，也算是不虛此行。嘿，劉邦真幸運，別人來首都多少回，未必能見到一回皇上，他老兄初來乍到，竟見到帝國一把手嬴政出行。嬴政大帝的車駕儀仗，豪奢威風，小小村莽劉邦見了，驚得目瞪口呆，半晌才暗自感嘆道：「俺的娘，瞧瞧人家皇帝，那是多大的威風。嗨，這才是爺們的活法！」

哲人講：「不見可欲，使心不亂。」嬴政大帝東巡時，項羽見了威儀，脫口就說：「當皇帝太來勁了，咱爺們可取而代之！」之前的劉邦呢？單憑他那句感嘆就可以判斷，似乎他的心也有些亂了。但我們說，那是有限的亂，過了這一頭，回到泗水小地方，仍去做他的小小亭長，他還是他。畢竟說，皇帝那把寶座，與他一個流氓出身的小小亭長，離著十萬八千里哩。但有一點，他回去後，整天跟人滔滔不絕，甚至添油加醋，說秦始皇好大的威風，首都如何如何的漂亮，等等。這也是人之常情，愛把新聞，說與人聽。

① 北上廣，即北京、上海、廣州的統稱。

劉邦出道

犯人跑了

說話間，便到了秦二世元年。這也就是說，秦始皇嬴政已死，他的兒子嬴胡亥已即位。國還是原來的那個國，只是換了個皇帝。嬴政這個人，特別能幹。婦孺皆知的事，這裏就不說了。不過，正是嬴政的能幹，襯托出嬴胡亥的二百五。嬴氏父子，一個威猛得不得了，一個窩囊得不得了。中國人常講富不出三代，然而胡亥這小子，才是嬴秦帝國的第二代，就已嚴重偏離了為國為政之道，直鬧得民不聊生。話又說回來，嬴政也不是什麼善類，他同樣沒有什麼為國為政之道，有的只是暴力掌控帝國的能力，而他的兒子嬴胡亥恰恰缺乏這一點。

劉邦作為嬴胡亥的臣民，同時也是秦政體制下的最低一級幹部，對於中央的事，他只有服從的權利，而沒有過問的義務。嘿，瞧我這話笨的，帝制時代的人，除了三公九卿有權議政，誰還有這資格呢？即便三公九卿的議政，也是有限的。奉承式議政可以，指點式議政便犯忌。如一位大臣在中央辦公會（早朝）上議道：「皇上連任命七品芝麻官這樣的具體事務都親力親為，真可謂是為國為民，鞠躬盡瘁呀。皇上的身體不只是屬於你個人的，而是屬於全國人民的，皇上要多保重呀。」極權寶座上的傢伙，就愛聽這類議政，這使獨裁者看上去無比崇高。反之，一位大臣這樣議政，說：「皇上肩上的擔子太重了，完全可以把七品芝麻這樣小的官，交給臣下去考察任命。我等奴才，願為皇上分擔繁重的工作任務。」別說是秦始皇，任何一個皇帝聽了這類議政，即便不立即將這位大臣推出去斬首，也必定將其打入另冊，永不起用。為什麼？這還了得，你個臣下竟然敢提出分享皇帝的權力，有這樣的想法便是死罪！皇權就是集權，集權就是極權，極權就是唯我獨尊，拒絕與任何人分享權力。這一點都不明白的人，是不配在專制政體任職的。所以，劉邦作為秦朝的一個基層幹部，他能做的就是，上邊叫幹啥，他就幹啥。胡亥當了皇帝，除了宮殿的營造以外，給他老子修墓，也是當務之急。這秦陵，嬴政活著時便開始修，到胡亥時才收尾。秦陵之大，可見一斑。

因為各項浩大的土木工程上馬，人手不夠，依舊是上傳下達，要求各地徵調工人去服勞役。沛縣的勞役徵調完畢，派人帶隊前往。這次，縣裏輕車熟路，又找到劉邦。寫到這裏，不僅會想，沛縣的幹部難道都死絕了嗎？為何屢屢抽調下邊的小小亭長，去完成縣幹部的使命？同時在想，劉邦跟縣政府裏的人這麼熟，也屢次被抽調去做縣幹部才做的事，縣裏何不把他上調，或他何以不活動活動，到縣政府去上班？正百思不得其解，忽然想到一個詞，叫做「控制性使用」。

「文革」①的時候，很多老幹部被打倒，其中包括數量龐大的知識分子。雖然把知識分子打倒了，但國家畢竟還得需要文治，怎麼辦呢？就把勞改農場②裏的個別看上去還算忠誠的知識分子弄出來，為政權效力。但有人負責監管，不許他們亂說亂動。這便叫做「控制性使用」。想來，劉邦以一個流氓的身分，與縣裏的幹部交匯，雖說一些事也讓他參與，也抽調他到縣政府做事，這種人，畢竟是危險人物。因此，須「控制性使用」。又一想，「控制性使用」，哪能是「文革」時代的產物呢？歷代皇帝，以及歷代抓住中央大權的領導人，哪位對「不能用又不得不用」的人，不是「控制性使用」的呢？這一政治技術，如果說李唐政權玩得嫻熟，那麼趙宋政權就算是玩得爐火純青了。相關話題，在之前的書中多有論述，此不再贅。

話題扯遠了，繼續說劉邦。他接受了縣政府委任的工作，帶隊趕往驪山。這次與上次的最大不同是，上次的勞役，純屬普通百姓，這回則是囚徒。這也是嬴秦中央政府規定的，大約覺得，抽走太多的良民到首都服苦役，就沒人種地了。民以食為天，沒飯吃怎麼行，好歹給民間留點苦力。這才想到那些囚徒，把他們弄到驪山，去修始皇陵墓，既是懲罰，也是合理分配勞工。但對於押解之責來說，那畢竟是犯人呀，劉邦再流氓出身，壓得住一兩個罪犯，哪能壓得住全體。流氓不同於常人，比方說同是押送犯人，常人就會用感化的方式，去影響犯人的情緒；乃至政策攻心，給犯人洗腦，使他們乖乖到達目的地。流氓沒有這樣的思維，他會審時度勢，見自己勢單力薄，就會倒向勢力大的那一頭。流氓的腦子裏沒有條條框框，也沒有仁義道德的束縛，他們的行事方式，單刀直入，一切以實際為要。劉邦就是這樣一個講究實際的人，他會審時度勢，自我把持，哪些該做，哪些不該做。

劉邦帶著隊伍，一出沛縣縣城，便發現犯人情緒不穩，他暗自叫苦：「隊伍不好帶呀！」遂在腦際掠過一絲悔意，自責攬下這個沒有根基的活兒。好在劉邦屬於那種大開大合的性格，他永遠秉持「既來之則安之」的生活態度，走一步，說一步。隨遇而安的心態，令他的人生步伐，從容了許多，也因此獲益良多。

囚犯隊伍裏，因何有不穩情緒呢？這又要從人之常情說起。囚犯也是人，他們的常情，與普通人並無區別。我們先來看看地理方位，沛縣居東，驪山位西，彼此相隔千山萬水。僅此一點，囚徒們就不高興。常人故土難離，囚犯亦然。可也沒辦法，誰讓他們是失去自由的囚犯呢？上邊調他們去哪裏，也只有聽之任之。可有一樣，他們肚裏的情緒，是無人可控的。囚犯普遍認為，如此長途跋涉，到了驪山，不是死於荒無人煙的途中，就是累死於勞役之中。因為有了這些想法，他們各自盤算，或暗自糾集，是否一逃了之。橫豎都是個死，說不定，逃跑還有個活路。

一路上，劉邦看出了這種情緒，他憂心忡忡。沒想到的是，劉邦帶著隊伍一出縣境，先就有幾個賊頭賊腦的犯人，合夥逃走了。劉邦也不敢去看其他犯人的眼睛，只顧埋頭走路，埋頭吃飯。又往前走了數十里，早早的尋店住下，可一早醒來，又逃走許多人。

沛縣的帶隊幹部，就劉邦一人，遇事也沒個商量。他便只好一路走，一路想周全的法子。到了豐鄉的大澤，劉邦歇腳買酒喝。劉邦的聰明就在於，他很實際，犯人想逃，即便他加以阻攔，也無濟於事，甚至還會丟掉性命。想到這裏，向酒借膽兒，跟囚犯們攤牌說：「兄弟們，我知道大家都在想什麼，此去驪山，難免一死。既如此，我放大家一條生路好了，都逃命去吧。」

囚犯聽了，無不犯傻，皆以為耳朵出了毛病。一個囚犯道：「這話什麼意思？」劉邦重複道：「我沒有耍大家的意思，都逃命去吧。」另一囚犯道：「噫，劉亭長這人滿仗義！」逮實劉邦的話，眾囚犯感激涕零。劉邦為之解縛，眾犯說聲「謝謝」，各自奔逃而去。尚有十多人，處在人生的十字路口，猶豫不決。一個道：「劉亭長不忍我等送死，慨然釋放，此恩此德，誓不忘懷，然你將如何回縣銷差？」劉邦大笑道：「這差哪還銷得了？執法犯法，死罪也。你等皆去，我也只好流落他鄉了。」那囚犯道：「恩人如此仗義，我等情願形影不離，同生共死。」劉邦道：「悉聽尊便。」十多個囚犯向劉邦叩謝致意。隨後，劉邦等戴月夜行，趨入芒碭二山之間，開始了蟄居避禍的生涯。

縣裏亂了

劉邦在做出釋放囚犯的決定時，是否想過後果？是否想過他自己的前途？是否想過他老婆孩子的安危？一個帝國職員，失職即構成犯罪，遑論釋放囚犯。他帶著一幫人，匿跡深山，這倒清閒，可信賴他的蕭何們怎麼辦？如何向縣領導交代？

上述最急迫的，當屬劉邦的家人。當縣裏得知劉邦放走犯人的消息後，便立即派員前往其家中，連坐拘捕了呂雉。縣監獄中，幸有一位小獄警，叫做任敖，他是劉邦的朋友，見呂雉入獄，私下多有照顧。劉邦死後，呂雉以太后身分執掌漢朝，把這位任敖，提拔為御史大夫。這官大的，只比丞相小一級，實為副丞。此乃後話，放下不提。

呂雉被難，任敖出以援手，那麼蕭何幹什麼去了？他做更大的事去了，那就是說服縣令，放了呂雉。蕭何以怎樣的詞令，才能打動縣令呢？無非說：「縣令大人，連坐逮捕劉邦的老婆，可不是個好主意。那劉邦雖說是個小小亭長，但這人流氓出身，黑道白道都來的。這要惹急了他，於大人而言，有百害而無一利。」這等於說，蕭何替他的哥們劉邦，恐嚇縣令來了。那沛縣令真就吃這一套，於是照準，放了呂雉。呂雉得釋還家，因牽掛丈夫，帶了兩個孩子，逕自尋夫去了。在朋友的幫助下，母子三人，來到芒碭山中，與劉邦團聚，居山為家。

閒下來，劉邦也不免去想：自己怎麼混到這個份兒上？好好一個亭長幹著，正室、外室的擁著，三朋四友的玩著，肉吃著，酒喝著，怎的眨眼就成了體制外的逃犯呢？老實說，這就是人的命運，因禍得福的有（塞翁失馬焉知非福者），因福得禍的亦有（樂極生悲者）。劉邦接下來的命運，演義的正是因禍得福這麼個路數。我們不妨耐著性子，一路看下去。

劉邦一家避居山野不久，陳勝起事，鬧動嬴秦帝國。這一年為前二〇九年。在此，我們略述陳勝。這是一個藥引子似的人物，他的起事，「功」於帝國領導人嬴胡亥。胡亥是個徹底的渾人，渾就渾在，帝國大政，悉令宦官趙高用事，以致民不聊生。民間倘非水深火熱，身為農民的陳勝，無法一呼百應。陳勝來得快，去得亦快，他的那個以農民為組織成分的反政府武裝，在帝國的亂局中，僅存半年。陳勝的意義就在於，是他點燃了反政府的那把火，從此不再熄滅，直至把嬴秦帝國中央政府徹底顛覆。毛澤東鬧革命的時候有個著名的觀點，叫做「星星之火可以燎原」。農民革命史，向來如此。

陳勝一鬧，全國跟上，沛縣自不例外。起初，縣令徵詢蕭何，說：「你看看東南各郡縣，都效學陳勝，聚眾鬧事，圍攻縣政府，甚至革守令之命。就是沛縣已近的縣份，也都蠢蠢欲動，多欲舉城投降陳勝。我的娘，這可要了老命了，你說怎麼辦呀？」蕭何出了個主意，說：「你看這樣行不行，把本縣流亡在外的人召集回來，一者壯大縣裏的武裝力量，二者以絕後患。」縣令想了想，頓首相贊，說：「就這麼辦吧。」蕭何是位能吏，說做就去做了。

沛縣有個以宰狗為業的人，叫做樊噲。此人是劉邦的酒肉朋友，經劉邦引介，這樊噲也就成了縣幹部們的朋友。可以想見，劉邦和蕭何、曹參等，少不了去樊噲那裏聚會，大家一邊吃著狗肉喝著酒，一邊拉著家常，彼此甚為相投。這樊噲既然是蕭何、劉邦的朋友，那位來沛縣避仇的呂先生，索性把他的另一個女兒呂嬃，嫁給了樊噲。日後，劉邦開國立朝，樊噲成為名噪一時的要員。你說這呂老先生，真有遠見呀，他的兩個女婿，竟然全是漢朝了不起的大人物。就是他自家養的女兒呂雉，也是漢朝響噹噹的人物。這些都是後話，擱下不提。

話說蕭何找到樊噲，直言道：「你的一擔挑③犯法，跑到山裏躲起來了。縣令跟我談了，同意把他召回，赦他無罪，並讓他幫著，守衛縣城。這兵荒馬亂的，不定哪股勢力來塗炭沛縣，你快去快回。」事不宜遲，樊噲趕到芒碭山，見到劉邦，把縣裏的意思，和盤托出。此時的劉邦，經過數月的努力，已收納壯士百餘人。因小有資本，這才帶上老婆孩子，以及手下，日夜兼程，往家鄉趕。

劉邦所不知道的是，樊噲前腳剛走，縣令便後悔起來，心想：「我這麼幹，豈不跟劉邦一樣，背叛中央了嗎？即便不為中央想，就是自己，那劉邦一回來，也跟陳勝一樣，來個一呼百應，我往哪兒擱？到那時，請神容易送神難，反倒不美了。」想到這裏，遂令關閉城門，捉拿蕭何、曹參。縣令的突變，令蕭何、曹參猝不及防，二人不及攜帶家眷，便落荒而逃，前去投奔劉邦。

劉邦等往沛縣趕，蕭何曹參往芒碭山趕，彼此途中相遇。劉邦見蕭何、曹參狼狽不堪，一問才知，縣令變卦。蕭何道：「現已無路可退，為今之計，唯速圖良策，可保我等家眷無恙。」曹參急道：「說的是，眷屬為要。」劉邦安慰道：「一向以來，兩位先生不棄我這鄉村莽夫，且屢屢關照，劉邦豈能知恩不報？我手下現有百餘弟兄，雖不能成大事，但護持家眷，想來不難。眼下，當急往城下，相機行事，以為如何？」

蕭何、曹參二人力贊，遂與劉邦等回返，急至沛縣城下。眾人見城門緊閉，蕭何道：「以我素日的觀察，城中百姓，對縣令多有怨言。我等不妨投書進去，鼓動城內百姓，殺了縣令，再圖後進，如何？」劉邦與曹參稱善，蕭何隨即寫下一封煽動函，書曰：

謹啟城裏的父老及守卒：天下的老百姓受嬴秦中央政府苛虐久矣！今沛縣父老，雖為沛令守城，然全國義軍並起，到時必然前來沛縣屠城。我等為父老鄉親著想，不如殺了縣令，改立民心所向者，以應起義潮流。如然，則人人家室可保！反之，全城父老，必死無葬身之地。何去何從，速速決斷。

劉邦將煽動函搭在弓箭上，至城門下，對上面的守卒喊道：「你等不要徒自吃苦了，我這裏有封信給你們，依計可保全城父老性命。」說罷，張弓而發，將信射至城牆之上。守卒見書一閱，不敢造次，急與城內父老商量。因天下大亂，居民與城防休戚與共，故多相應縣令號召，聚集城門下，守城的守城，造飯的造飯，聊天的聊天。那城門守卒得信，走下城牆，揮動書函一呼，父老齊至，以為縣裏頒布指令。聽罷，卻是一封帶有恐嚇意味的勸降書。幾位老成的合計一番，認為蕭何的書函，雖有不中聽之處，確也言之有理，一人闖首，眾人呼應，竟抄起棍棒，攻入縣政府。縣令一向以父母官自美，哪裏防範子民？不及反應，便命歸西天。守城士卒遂洞開城門，將劉邦等迎入城內。你想那劉邦有蕭何、曹參，又有亡命徒追隨，城裏百姓怎是他們的對手？烏合之眾一旦入城，城裏居民人人自保，對劉邦、蕭何等，唯命是從。

劉邦等直入縣府，商及善後。蕭何道：「群龍無首，必生靈塗炭，須當機立斷，推立一人為沛縣令，一城的百姓，才有主心骨。」人皆稱善，蕭何隨即一指劉邦：「擔此大任者，劉邦也。」眾人齊聲讚賀。別人口是心非也罷，表裏如一也罷，那是人家的感受。但在劉邦，也的確是個晴天霹靂。之前的之前，他還只是個小小亭長；隨後變成在逃犯；再隨後，就成了眾望所歸的一縣父母官。這太突然了！劉邦的命運如過山車，一時令他暈頭轉向，南北莫辨。劉邦楞神，大家以為他要謙讓一番，不料他一拱手，回謝道：「承蒙大家看得起我劉邦，我亦不負眾望。」四十八歲的劉邦，遂搖身一變，由東躲西藏的罪犯，成為一縣之主。政治上，這便是一種打江山、坐江山的自立行為。

在專制框架下，自立政權是非法的；在道德框架下，自立政權是不仁的；但在正義名下，自立政權既合法，又充滿正當性。這是東方人的正義觀，古希臘哲人蘇格拉底不這麼看，他認為人人站在自己的角度去詮釋正義，則人人都會以自己的標準對抗不公、實現正義，進而導致社會失序。所以，他認為，即使法律存有不公，人們也不應以正義的名義挑戰法律，而是應該遵從法律，在法律框架下糾正法律的瑕疵，以期達到法律正義，而不是個人正義。東方人，尤其是中國人在法律面前常常秉持無羈心態，這就是林語堂先生說的：「中國的法律不是制度，而是一門藝術。」藝術本身就是無羈的，一旦條條框框化，藝術就死了；法律正相反，一旦藝術化，同樣也是一個死。所以我們看到，在中國歷史上，法律通常就是一件人人不待見的藝術品。與其如此，才有不計其數的野心家，以正義為幌子，實現個人的所謂宏圖大志，把中國搞得烏煙瘴氣，乃至血流成河，屍橫遍野。

閒話少敘。劉邦就職，即授蕭何為縣丞，曹參為中涓，樊噲為舍人，夏侯嬰為太僕，任敖等為門客。讀者切記，這便是劉邦起事的班底，亦是創建漢朝的班底，同時還是四百年漢朝大業的奠基者。倘這時有人若說：「那劉邦，你將來要做皇帝的；那蕭何、曹參，你倆將來要做丞相的；那樊噲、任敖，你倆將來要顯赫大富大貴的；那呂雉，你將來不僅做皇后，還要做太后，臨朝指點江山的。」說這話的人，定會讓人笑掉大牙。這哪跟哪呀？一個鄉村流氓無賴，兩個小小縣吏，一個宰狗的，一個看守犯人的，還有一個村婦，若說這幫人將來為國之尊、國之棟梁，打死都沒有人信！然這幫人，果就如上所言。他們的未來，不是個笑話，而是歷史。世事無常，怕再也沒有如此無常的了。寫到這裏，想起一首詩，叫做：

忽如一夜春風來，千樹萬樹梨花開。

換做劉邦及其同僚，當做：

忽如一夜官運來，歪瓜裂棗洪福開。

①文革，即「文化大革命」的簡稱。中國大陸這一史無前例的文化浩劫，前後十年（一九六六到一九七六）。

②勞改農場，是中共建國後系列政治運動的繁衍品，凡是被處置的人，一律下放那裏勞動改造。後毛澤東時代，勞改獨立於司法體系之外，成為最嚴厲的行政處罰制度，公民一旦被指控觸犯勞改制度，未經檢察院批准、法院審判，即可實施逮捕、關押，直至押送監獄般的農場，強制其體力勞動。通常，為期兩年。這一制度，終止於二〇一三年。

③同胞姐妹所嫁的兩個男人，在關係上，山東人稱為「一擔挑」。中國人通稱這種關係為「連襟」。

死而復活的封國

劉邦能自立為縣令，這在他來說，恐怕是沒有想到的。說劉邦是布衣，很勉強，他直接就是匪氣十足的流氓。這樣的人，突然就父母官了，說老實話，他自己心中也沒有底。

現下，嬴秦全國各地，到處是揭竿而起的隊伍，對於國家領導人嬴胡亥來說，那一定是場噩夢；然對於政治投機者來說，那一定是個千載難逢的好機會，對嬴政大帝滅掉的那六國來說，尤其如此。嬴政與嬴胡亥父子，作為前後相繼的帝國領導人，一強一弱，使得六國，死而復生，充滿戲劇性。嬴政滅六國，仿如眼前事：

前二三〇年滅韓國；

前二二五年滅魏國；

前二二三年滅楚國；
前二二二年滅燕國；
前二二二年滅趙國；
前二二一年滅齊國。

按照亡國的前後順序，最晚被滅的是齊國。齊國亡於前二二一年，劉邦棄秦自立於前二〇九年。其實，這也正是六國逐漸復興的年份。以前二二一至前二〇九年來算，屈指數來，中間也不過十二年。咱們想想，十二年，多麼短暫的一個時間，六國竟然死去活來。我這裏只是強調它的戲劇性，並不表示我看中六國的復興。說老實話，我從不看好政體之復興。政體死而復生，那幾乎是不可能的事。就說劉邦建立的二百年漢朝，它一旦亡於王莽之手，且由他另創一個新的王朝，漢朝自此就走進歷史的塵埃，既不能復，更不會興。

劉秀推翻王莽的新朝，他說是漢朝再生，那不過是拉大旗做虎皮罷了，不打老劉家的旗號，誰買他個放牛娃的帳呀？自漢朝起，中國兩千年的帝制史，有很多這樣的革命者，為了一己私立，就假借自己是前朝血脈或宗室，祕密也罷，明火執仗也罷，拉旗便有吃糧兵，跟著他去鬧革命。遠的就不去說了，後漢時期的劉備，不正是這樣的主兒嗎？更有荒唐的學者，竟然把劉備的國，牽強附會到劉邦那裏。說中國是傳統社會，往往就指這些，宗族觀念，根深柢固。就連處於當代社會的金庸先生，說起話來，都宗族得不得了，他說：

我們中國人習慣用文化來分，不是用軍隊力量來分，也不是用經濟發展來分。你只要接受中原的文化，就當你是中國人，你不接受我們的文化，就當你是外人。①

這樣的宗族觀，夜郎自大，愚不可及。二〇〇二年，我以《信口雌黃的金庸史觀》為題，予以批評，竟引起軒然大波。又可見，中國人的史觀以及宗族觀，不獨金庸一人荒唐可笑。

扯遠了，言歸正傳。那六國復興了，一時之間，群魔亂舞，劍光戟影。這其中有個家族，最值一表，那就是楚國貴族下相②的項氏。項家爺們，多為楚國將才，六國復興，項梁與他的侄子項羽③，自蘇州（時稱吳中）起事。項氏家族的影響力，使得項梁部卒，快速達到近萬人。流氓出身的劉邦，與貴族出身的項梁，簡直不可同日而語。劉邦聽說，在沛縣的東南，有個叫項梁的人，勢力很大，也造了政府的反。劉邦跟蕭何一合計，便奔了項梁去。常言「識時務者為俊傑」，劉邦的選擇，無疑就是俊傑的選擇。

項梁網絡天下豪傑，見劉邦率部來投，二話沒說，便收編入列，任劉邦為大將。這個職務也不能認真，項氏集團，只是反政府武裝，不具政府性質。項梁任命的軍職，可大可小，可有可無，穩定性肯定不能與政府組織相提並論。

項梁招兵買馬，人氣直線上升，來投奔的人，絡繹不絕。話說前二〇八年，有位叫范增的七旬老頭，亦慕名而來。項梁把他作為智囊，收在帳下。范增直言不諱道：「項將軍，革命不是這麼個鬧法，單有軍隊不行，還得有組織。」項梁反問：「范老先生，我的軍隊沒有組織嗎？沒有組織如何攻城略地？」范增道：「將軍你理解錯了，老夫所言這個組織，是政府性質的領導核心，這樣打仗，才名正言順。」項梁催促道：「老先生不妨直說。」范增道：「以項家的號召力，只能召集到豪傑；以王家的號召力，便能招攬天下人心。」項梁明悟，大為高興，催促道：「老先生你接著說，如何才能以王之家，詔令天下？」范增道：「那還用說，立楚王啊。」

項梁是明白人，立刻下令：「你等快快去尋楚國王室子孫。」手下不敢怠慢，四處抓尋。咱們想想，到這時，楚國已滅十多年，王族家破人亡，妻離子散，往哪兒去尋？功夫不負有心人，官兵在一片荒野裏，找到一位牧童，經確認為故楚第二十一任國王芈槐的孫子，叫做芈心。於是帶來，給項梁看。項梁問明，這個牧童確為楚懷王的孫子，隨即立芈心為王，仍沿故號：楚懷王，定都江蘇盱眙。遂以楚懷王芈心的名義，令陳嬰為上柱國，項梁號武信君。自此，楚國人心驟定。這叫組織。見過螞蟻和蜜蜂嗎？它們有了蟻后和蜂后，才有了組織；有了組織，才有凝聚力和戰鬥力。其他五國的情形，大致相同，此不多贅。

今天的英國、荷蘭、日本、泰國等國，仍為帝制，仍有一個王在那裏，為一國組織的核心。但這些王，不負有管理國家的職責，僅僅是一個象徵，是一個民族的精神符號，相府總理府，才是國家的管理者。這是現代民主制度的產物，是政治妥協的智慧結晶。芈心與項梁的關係，也透著這麼一點意思，一個作為國家的象徵符，一個作為國家的管理者。不同的是，今之英日等國的王，處在文明社會，而芈心處在荒蠻時代，他注定只是一個臨時性角色，用著他了，拿來一用，用不著了，一腳踢開。就這麼回事。

故國紛紛復興之後，採取遠交近攻策略，先把眼皮子低下的郡縣拿下，志向大的，則結為軍事聯盟，以推翻中央政府為己任。帝國領導人嬴胡亥聞悉全國爆發反政府軍事行動，急命章邯為總司令反擊。章邯何許人也？他是嬴秦皇室的財政部長，官名叫做少府，也有人把他的這一職務，譯為宮廷供應部長。總之，就是一個皇室後勤保障方面的負責人。大軍壓境，帝國領導人，竟派這麼一個角色去鎮壓，可見胡亥一朝的無所作為。

項氏叔侄蘇州起事，攻城略地，項梁自為將軍，兼會稽郡守；項羽年僅二十四歲，便為八千子弟首領。當下，得了劉邦、范增，又立了楚王芈心，可謂如虎添翼，左右逢源。六國復興，唯楚國勢大，遇城而攻之，見敵而破之。其中一役，以項羽、劉邦為帥，率楚軍拿下城陽。

劉邦以和平方式，拿下沛城。今次取城陽，雖以戰爭的形式，流血在所難免，但城陷，也就意味著一座城市，失去抵抗力，戰勝方當封刀安民。然項羽嗜血成性，竟號令屠城。一時之間，鬼哭狼嚎，哀鴻遍野。半百年紀的劉邦見狀，深感與項羽這樣的年輕人共事，時時如履薄冰。也正因項羽年輕氣盛的火爆性格，才使得他勇猛無敵，政府軍在他面前，敗多勝少。

不過，在定陶一役中，項羽受到一個沉重打擊，那就是他的叔叔項梁的戰死。這使得他對秦朝中央、對中央軍，越加仇恨。在一次禦敵會上，項羽向楚懷王請兵，他要直搗帝國首都，為叔叔報仇雪恨。國仇家恨，交織於項羽心中。

對於項羽之請，楚懷王芈心，他個孩子家，能說什麼？就只有照準。這就對了，你芈心小兒，乃項氏所立，說著好聽，楚懷王，其實不過一擺設、一傀儡罷了，這復興了的楚國，是項家人說了算。項梁死了，還有項羽，雖則年輕，但人家是楚國貴族後裔，世代給楚王為將，自身又有「一夫當關萬夫莫敵」的本領，自然叔終侄繼。就項羽那火爆的性格，也沒人降得了他、壓得住他。至於劉邦，雖則為將，他以「識時務」著稱，怎肯多言？何況，這時的劉邦，還只是個不足掛齒的邊緣性小人物。復興了的楚國，其政治一邊倒，項羽決心幹的事，無可阻擋。於是，攻擊帝國首都的事，就這麼定了，只待走個程序，讓楚懷王下令而已。

芈心是孩子，這不假，但服侍在側的，卻都是成年人。待會議結束，項羽、劉邦等離去，有人向芈心進言道：「自項羽起事至今，便一路濫殺無辜。就說那襄城，打下來就打下來吧，百姓惹你招你項羽了？殺得一個不留。此後又攻陷城陽，那裏的百姓惹你招你項羽了？也一味的任情殘殺。項羽動輒屠城，所到之地，人民聞之喪膽，恨之入骨。如此凶暴的一個人，怎好令他統軍去攻打首都？有朝一日，項羽拿下首都，必定大開殺戒。而這筆血債，人們不會記在項羽頭上，而只會記在我主頭上。到時，即便真的推翻了秦二世，我主替項羽頂著莫大的罪名，焉能有活路？」

聞者莫不附和，芈心就問怎麼辦。其中一人道：「趙國被中央軍圍困，向各復興之國求救。雖說各國紛紛伸出援手，但皆不能抵禦中央軍的猛烈攻勢。趙國使節至楚，我國亦不可見死不救，正好派項羽北上救圍，完事再令他西下，攻擊咸陽。這樣，即分散了中央軍的主力部隊，又不使項羽直接攻擊咸陽；而直擊咸陽的任務，交由劉邦。北與西兩方面軍，最終會師首都，先至並攻陷首都者，立為秦國國王。此計若可，那項羽又無異議，或可防微杜漸。」

芈心乃牧童，因緣際會坐到王的位置，他能知道個啥？不過是任人擺弄的玩偶罷了。所以，任誰建言，芈心無不採納。不日，芈心頒令，委將點兵，出師西伐。項羽得令，滿心不歡，心想：「嘿，怎麼把我發去救趙了。芈心這放羊娃，真把自己當國王了？」轉念一想：「芈心再是牧童，那只代表他的過去。如今，人家坐在王的寶座上，那就今非昔比了。況且，芈心能有今天，乃出項家的推戴。這軍令畢竟由楚懷王親頒，抗旨不尊，反為不美。」項羽無奈，接令率部北上，爭取早日救趙，折返西進。劉邦也不敢懈怠，即行西進。

章邯不負二世，一連滅了多個復興之國（六國之外，尚有若干上不了檯面的小國起鬨自立。章邯所滅，多為這類小國）。章邯認為楚國已不足慮，於是北上進攻趙國。就在中央軍圍困趙國之際，項羽率部趕到巨鹿，把中央軍打得狼狽西逃。項羽率部，並收攏復興之國殘部，一路向西，追擊中央軍。那個方向，正是咸陽。救趙一役，讓多國殘部認識到項羽的強悍。項羽作為軍事聯盟領袖的地位，由此奠定。

章邯率部西退時，趙高正密謀構陷和抓捕他。章邯得悉，索性倒戈，投降項羽。項羽遂統率聯軍，大舉西進。

①《雜文選刊》二〇〇三年第一期。
②下相，今之江蘇省宿遷。
③項羽（西元前二三二年至西元前二〇二年），楚將項燕之子。

拿下首都

就路線而言，劉邦西進，雖路途艱難，但自楚國首都盱眙至中央政府所在地咸陽，基本是東西方向的一個直線距離；項羽北上，雖為平原易行，但若至趙，把活幹完，再圖西進，結果不言而喻。劉邦搶先一步，抵近帝國首都咸陽。

先前，趙高聞劉邦大軍逼近，令使者與劉邦接洽，試圖以分治關中①的方式，苟延殘喘，遭到劉邦的拒絕。趙高知道帝國危在旦夕，便令女婿咸陽市長（咸陽令）閻樂率兵闖進皇宮，把嬴胡亥殺掉，遂宣告取消帝號，恢復故國舊稱，即秦王國，立嬴扶蘇的兒子嬴嬰為國王。

趙高可真是個老狐狸，他先是與劉邦協商分治關中，一計不成，又玩了個滅帝國、復故國的把戲。那意思無非告訴劉邦：「你看看，被嬴政大帝滅了的六國，如今都復

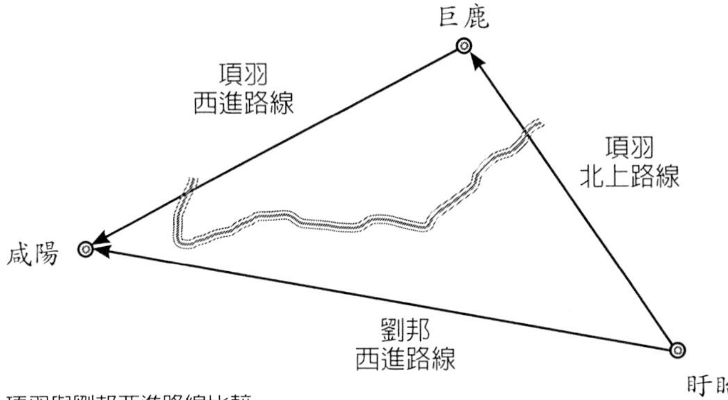

項羽與劉邦西進路線比較

興了；我滅了嬴政親手締造的帝國，也宣告故秦復活。你等是推翻帝制的革命者，咱老趙更是。」這下好了，六國加上秦國，七國至此全部復活，一切又回到戰國時代。從此，這世上再也沒有統一的帝國，有的是七國分治天下。如今，大家是肩膀齊，不分高矮，何必打打殺殺呢？就此，各去治理自己的王國，互通有無，互不干涉內政，天下和平，這多好。

可惜的是，趙高遇到一個好獵手，他就是嬴嬰，他設計將趙高斬首。時已為前二〇六年，楚軍的西路統率劉邦，令周勃②為攻秦先驅，直抵灞上。嬴嬰聞報，急忙召集大臣，商討對策。會議進行時，又有劉邦招降書急至。嬴嬰問怎麼辦，大臣皆束手無策。嬴嬰果斷做出決定：投降。嬴嬰遂素車白馬，捧著傳國御璽，哭著出城，於道旁等候劉邦的到來。

劉邦率部而至，嬴嬰屈膝跪地，俯首而降。算下來，這嬴嬰為王，僅四十六天而已；此距前二〇九年即嬴政大帝之死，不過三年；距秦帝國締造之日，亦不過十六年。四十六天／三年／十六年，這些數字，對於無比強大的秦帝國來說，是多麼的不相稱，既充滿諷刺，又不可思議。

蔡東藩先生在評論秦帝國時說：「秦亡之禍根，實自坑儒。儒不坑，則扶蘇不致進諫；扶蘇不諫，則不致外出，而後日趙高矯詔之事，亦不致發生。」我們假設這種立論成立，嬴政坑儒，則是打破帝國政治平衡的一個開始。世間任何平衡一旦被打破，便須重新洗牌、重新組合，從而找到新的平衡點。那個新的平衡點也許更好，也許更壞，這就看是誰去看，什麼角度去看。短期說，坑儒利於嬴政、趙高、嬴胡亥，害於嬴扶蘇、蒙恬、儒生；長期看，利於漢朝劉邦，害於秦朝嬴政。於中國人而言，無論嬴政，還是劉邦，這兩個人都是中國的噩夢之源；中國人的這場兩千多年之久的專制噩夢，嬴政與劉邦，一個是締造者，一個是繼承者。秦亡之禍根可論，秦政制的好壞不可論，因為秦政制一無是處，且餘毒深遠，禍及千秋。

回頭繼續說劉邦，他攜軍進入咸陽城，無所顧念，唯入宮中幸美女。這就是劉邦的短處，好色過度。好在有蕭何，專注圖籍、戶簿、軍政文件的搜羅，並一一收入囊中。則那官兵，樂得無人約束，入殿掠金奪銀。

劉邦之好色，官兵之貪婪，樊噲看在眼裏，遂以嬴秦的前車之鑑，勸他自律，為官兵做出榜樣。劉邦把頭一搖，生氣道：「誰打天下不圖這個？大傢夥兒跟著我拋頭顱灑熱血，不就為這一天嘛。」劉邦拒諫，樊噲找來張良③為後援。說到張良，順便交代一句，四方起事之際，他乘勢而出，集得弟兄百餘。正擬投奔大的起義軍，時有劉邦過境，是以趁便求見。與劉邦談及兵事，張良頭頭是道，劉邦大為賞識，授為廄將④。從此，張良跟隨劉邦，南征北戰。

張良聞劉邦貪色，趕緊跑來，力勸道：「嬴秦無道，主公為天下除殘去暴，才得以有今天。當下之首要，當除敝政，力與革新。眼下剛剛入都咸陽，便居此為樂，恐昨日秦亡，明日就是主公亡了。願主公聽樊噲之言，不要自取大禍。」劉邦一臉無奈，心想：「唉，這一宮的美女，怎忍心捨得。」又一想：「張良他們說的也對，因小失大，命都丟了，何來享樂？從長計議吧。」於是下令，封存國庫，緊閉後宮，把部隊撤出首都，駐軍灞上。

到了駐地，劉邦召集地方長老、士紳，約法安民。在懇談會上，劉邦道：「父老苦秦苛法久矣，誹謗誅全族，偶語便殺頭，使各位父老生活在極度恐懼之中。我劉邦今奉楚懷王之令，救民於水火。懷王事先有約，先入秦者，便可稱王。如今，我已入秦，當為秦王。現與各位父老約法三章：殺人者處死，傷人與盜竊者抵罪，秦律悉數廢除。自此以後，秦國官民，安居樂業。」長老、士紳聞言，心喜不一，表示全力擁護秦王劉邦。

回頭看劉邦，前二一六年的時候，他還只是泗水一個小小亭長，行政職位上，那叫一個不入流！十年後，即前二〇六年，他搖身而為秦國王。往前看，人們往往兩眼一抹黑，因為誰都無法預測未來；而回看歷史，尤其回看一個人，有多少巧合與奇蹟，直讓人一詠三嘆。即如劉邦，他做夢也想不到，一個鄉下混混，有朝一日，竟然做了秦王。而這個過程，不過十年而已。也只有當我們回看一切的時候，才由衷的感嘆一聲：「人的命運，實在不好說。」

話又說回來，類似劉邦這樣的人生軌跡，似乎也只有發生在野蠻政治時代。讀者還記得劉邦自立為沛縣縣令的事嗎？當下他的秦王頭銜，同樣是一種自立行為。你也許說了：「楚懷王事先有約，說誰先攻入秦地，誰便是秦王。」這是約定，不是敕令。約定的達成，是你完成目標任務，然後由國王頒令，兌現承諾。楚懷王芈心尚未頒令你劉邦為秦王，便對天下聲言，自己已是秦王，這其實就是一種自立行為。

我們可以說劉邦是草莽，不懂得組織原則，但也可以說他在自立問題上，上了癮。又一想，自立又有什麼好指責的呢？這不正是秦漢交替之際的政治症候嗎？秦漢以後的中國，哪個朝代之間的交替，不是伴隨著多如牛毛的自立行為而一路走來的呢？就連「文革」時，紅衛兵⑤們不也常常攻占政府去自立嗎？就此話題稍做延展，得出的既是一個現代政治倫理：非民選領導人、非民選政府，皆屬政治自立行為。以今天的視野，政治自立是強盜行為，但在劉邦那會兒，就是英雄壯舉。

乃想，在中國長達兩千多年的專制史上，不知有多少劉邦式人物，以英雄的名義占山為王、占國為主，大行流氓之道。為王為主者，因何總跟治下百姓耍流氓？一者那是流氓的德行使然，再者就是流氓心理不平衡，他們一味自戀，總認為那座江山是他們拋頭顱灑熱血換來的，唯以流氓手腕駕馭黎民才心甘。

①關中，今渭河流域一帶，包括西安（舊稱長安）、寶雞、咸陽、渭南、銅川及楊凌。

②周勃，沛縣貧民，少時學織蠶箔，賺錢糊口，又因他善吹簫，常往喪家充役，列入樂工。史書介紹他，稱之為吹鼓手。劉邦稱帝後封絳侯，歷任太尉（相當於現代的國防部長或軍政部長）、丞相；呂后死後，他與陳平共同鏟除諸呂。後周勃被人誣告，曾一度下獄。

③張良，安徽人，爺爺與父親，曾五世為韓國宰相。追隨劉邦後，與陳平共為劉邦謀士。

④之所以在此注釋，實因「廄將」一詞，頗富創意。歷史上，並無廄將之銜，而只有廄長、廄副之稱。這兩個職務，意為掌管馬廄的一二把手。那麼，劉邦給張良一個廄將頭銜，是個什麼意思？是馬廄長官，還是統管戰馬配置的將軍？不得而知。張良作為謀士，在劉邦那裏謀取的第一個職位，竟是這樣一個不倫不類的頭銜。

⑤「紅衛兵」一詞漸漸遠離人們的視野，因而也就有了注釋的必要。但下筆時卻發現，很難給這個以學生為主體的組織定義。籠統說，紅衛兵的主旨就是，凡是毛澤東贊成的，他們都擁護；凡是毛澤東反對的，他們都進攻。一九六〇年代，毛澤東感到自己的政治地位出現鬆動跡象，便毅然決然發動文化大革命，動員全國的學生捍衛他，最終導致局面失控，全國陷入極度混亂。因此，官方又將「文革」稱之為「十年浩劫」。

鴻門那個宴

項羽至秦地，進駐鴻門的當晚，聽說劉邦已自立為秦王，且打劫了秦宮，換做常人都生氣，就別說性格暴躁的項羽了，他破口大罵道：「泗水一個鄉野流氓無賴，竟然搶得頭功，大發橫財，著實可恨。我當今夜發兵，立滅此賊！」項羽的這一決心，得到范增的強力支持。不過，范增認為，不可莽撞行事，他分析道：「劉邦是出了名的貪財好色，可他這次入都，卻收斂節制。以老夫的觀察，劉邦身邊定有謀士，其所作所為，志在天下。雖說目下他已撤到灞上，仍不可小覷！余以為，必除此人，方可無慮。」項羽問計，范增如此這般，把計獻上。項羽大快，下令次日攻打劉邦，以絕後患。

項羽有個叔父，叫做項伯，隨軍西征。此人因緣際會，得與張良結為患難之交。聽說侄兒項羽要攻打劉邦，而張良恰在劉邦手下為謀士，於是，連夜去給張良通風報信。張良得到密報，不肯自去，遂急告劉邦。劉邦聽罷，嚇出一身冷汗，乃想，項羽擁兵四十萬，而自己僅擁兵十萬，且鴻門與灞上，相距不過四十里，又無險隘，項羽一旦發兵，他是毫無還手之力，乃問張良：「項伯現在哪裏？」張良道：「我暫將他留在舍內。」劉邦急道：「快帶他來見我，我願以兄禮相待。項伯如能從中說和，不讓項羽前來攻打，日後絕不負德！」

張良急忙回到自己的住處，把劉邦的意思說於項伯。項伯為難道：「這怕不合適。你我乃是私情，怎好去見你家主公？」張良急道：「救我家主公，不啻救我張良。天下未定，劉項自相殘殺，勢必兩敗俱傷。如此，與君亦屬不利。」項伯還要躊躇，張良一邊苦勸，一邊拉著項伯，來見劉邦。見項伯至，劉邦大喜，吩咐酒肴款待。

酒至數巡，劉邦自辯道：「我入關後，秋毫不敢私取，封府庫，錄吏民，專待項將軍到來，絕無二心，還望項先生回去，在將軍面前多多美言。」項伯支吾不語，張良急中生智，遂問項伯子女幾何。項伯無防，如實而答。張良喜道：「主公亦有子女數人，願與項伯結為姻好，你看如何？」不待項伯答話，劉邦即已手舞足蹈，連忙承應。倒是項伯，託詞不敢高攀。你說這哪跟哪兒？項伯原本是來給張良通風報信的，東扯西拉，竟跟劉邦扯到子女的姻緣上去。這是項伯始料未及的。張良極力撮合，笑道：「劉項二家，情同兄弟；前曾約定，共同滅秦。今得入帝都咸陽，大局已定，劉項兩家結為兒女親家，正當其時，何必推辭！」

劉邦聞言遽起，給項伯敬酒，項伯忙著回敬。張良歡快道：「杯酒為盟，一言為定。」項伯、劉邦，歡洽無比，皆附和道：「一言為定。」又飲了幾杯，項伯起身告辭，囑咐劉邦道：「記著明早到項羽營中來，大家喝喝酒，說說話，多大的嫌也釋然了。」劉邦一邊滿口承應，一邊親送項伯出營。

項伯返回本營，逕奔項羽住處。見項伯一副風塵僕僕的樣子，項羽疑惑道：「叔父這是自哪裏來？」項伯道：「能從哪來？當下最要緊的，是與劉邦對決與否。我聽說，劉邦入關，不取財物，不幸美女，府庫、宮室，一律封鎖，專待你入關處置。就是降王子嬰，亦未發落。你若堅持去攻擊劉邦這麼厚道的一個人，豈不令天下人恥笑？」項羽遲疑半晌，說道：「叔父之意，是化干戈為玉帛了？」項伯不容置疑道：「那是。明天一早，劉邦前來謝罪，你好生看待人家，以結天下人心。」項羽點頭稱是。項羽有勇無謀的性格特點，由此突顯。

次日，劉邦帶張良、樊噲等人，乘車前往鴻門，至項羽營帳謝罪。項羽高坐帳中，左立項伯，右立范增，待劉邦至座前，微微欠身，以示禮節。半百的劉邦知道深淺，下拜道：「將軍入關，劉邦失迎，特來謝罪。」劉邦何罪之有？卻原來是個「失迎之罪」。青壯的項羽冷笑道：「劉邦亦知罪嗎？」劉邦謙恭道：「劉邦與將軍，同約攻秦，將軍戰河北，劉邦戰河南，雖是兩路分兵，劉邦卻遙仗將軍虎威，得先入關破秦。為念秦法暴酷，民不聊生，不得不立除苛禁，與民約法三章，此外毫無更改，靜待將軍前來主理。此間小人進讒，使將軍與劉邦產生誤會。當下陳明，望將軍明察！」

項羽乃毛頭小子，胸無城府，喜怒靡常，聞劉邦言之有理，反覺自己薄情，錯恨劉邦。因即起身下座，握住劉邦的手，和顏道：「誤會誤會。」遂請劉邦坐在客位。張良謁過項羽，侍立劉邦身旁。賓主坐定，開席歡宴。

劉邦雖說善飲，卻不敢多喝。項羽真情相勸，你一杯，我一觥，正喝得高興，范增屢屢舉動身上佩玉，目示項羽，可以對劉邦下手了。然項羽全然不睬，只管喝酒。范增託詞而出，召項莊入內舞劍，囑他相機行事。項莊聽罷，闊步闖至筵前，先與劉邦斟酒，然後道：「軍中之樂不足觀，項莊願舞劍助興。」項羽未阻，一任弟弟舞劍。項伯已知其中意，起座離席道：「劍須對舞方佳。」說著，即拔劍出鞘，與之並舞，不使項莊靠近劉邦。這一節真是有趣極了，項伯與項莊叔侄共同舞劍，卻是各懷心事，一個要殺劉邦，一個要阻止這場陰謀。一家生二心，要成大事，真是比登天還難。

張良託故出帳，急見樊噲道：「項莊席間舞劍，欲害我主，如之奈何？」樊噲急道：「待我入內救之。」樊噲左手持盾，右手執劍，楞往裏闖，擊倒衛士數人，竟至席前，怒髮衝冠。見有壯士突然而至，項莊與項伯停劍呆望。項羽驚問：「你是何人?!」樊噲正要答言，張良搶步而入，代樊噲答道：「此乃劉邦參乘樊噲是也。」項羽隨口讚道：「好一個壯士！可賜他卮酒彘肩。」左右聞命，便取過好酒一斗，生豬蹄一隻，遞與樊噲。

本書開篇，既已言及樊噲，這位乃屠狗為生的人，精於喝酒吃肉。當下場合，他尤不願錯過露一手的機會。但見那樊噲，橫盾接酒，一口喝乾，復用佩刀切肉，即切即食，頃刻吃完一隻生豬蹄。一抹嘴，拱手施禮謝項羽。那項羽，看得是目瞪口呆，暗自讚道：「好牙口，好酒量！」

張良以目傳意，劉邦立刻領悟，謊稱小解，出帳。樊噲、張良緊隨其後。到得帳外，張良勸劉邦速回灞上，以免夜長夢多。劉邦道：「不辭而別，未免有失為客之道。」張良堅持道：「生死關頭，何顧禮數？當下項羽已有醉意，主公此時不走，更待何時？張良可代主公告辭，唯請主公取出隨身禮物數件，留作贈品便了。」劉邦乃取出白璧、玉斗各一雙，交與張良，遂乘馬與樊噲及隨員三人，快馬加鞭，回灞上駐地去也。獨留張良一人，辭別項羽。

項羽醉眼朦朧，半天不見劉邦回到席間，遂問身邊的人：「劉邦哪去了？如何許久不回？」張良恰好入帳，答道：「我家主公不勝酒力，未能面辭，謹使張良奉上白璧、玉斗各一雙，敬獻將軍！」說著，將禮物獻上。項羽追問道：「劉邦現在何處？」張良道：「我家主公自恐失儀，怕被將軍督責，現已回營。」項羽錯愕道：「因何不辭而別？」張良道：「將軍與我家主公情同兄弟，諒不致加害；唯將軍部下，或與他有隙，圖謀殺害，嫁禍將軍。將軍初入咸陽，當推誠待人，不該輕信讒言，疑忌我家主公。倘我家主公被害，天下必譏議將軍。到那時，將軍必坐受惡名，而諸侯樂得漁翁之利。將軍英明，無須在下饒舌點撥。」

聽了張良的話，項羽惱恨范增，橫眉責之。遂哀嘆一聲，起身拂袖，走了。范增不敢冒犯項羽，卻對項莊恨恨道：「唉！你小子不足與謀！將來奪項王天下者，必是劉邦也。那時，我等將盡為其所擄，等著瞧吧！」說完，悻悻而去。項伯與張良，相視一笑，亦各自歸訖。那帳內，獨留項莊仰脖長嘆。

項羽在鴻門略作休整，便拔營進入咸陽，下令把嬴嬰及秦室宗族處斬，把秦宮婦女、府庫金銀，一古腦兒取出，一半歸己，一半分給將士。隨後屠城，焚燒阿房宮。發洩完畢，這才撤回鴻門。

霸王主義

拿下首都，殺了嬴嬰，頗符合「擒賊先擒王」的定義（儘管嬴秦政權不是狹義上的那種賊）。進而言，拿下首都，殺了嬴嬰，也就等於把全國都搞定了。這便是賊的軟肋，同樣也是專制政權的軟肋。賊實行的是思想與行動上的高度統一，專制政權亦然。這統一來自上峰，那麼統一的基石也就在上峰屁股底下。掀翻上峰，擒住賊頭，倒掉賊窩，那統一的基石也就不復存在，毛賊見勢不妙，一哄而散。

上述情形，在封建政權不可想像，在民主政權更是不可想像。封建與民主具有共同的特點，那就是分治、分權。以周朝的封建制來論，你即便圍困了王國首都，或擒或殺了國王，也無法搞定全國，因為王國之下，還有分治的若干封國；以現代民主國家來論，你即便圍困了總統府，或擒或殺了總統，也無法搞定全國——不要說搞定全國，以美國為例，白宮以外，那都是華盛頓市長的行政地盤，總統也不能在那裏任由行事。所以說，分治與分權，是最牢固的政治制度，處理內部事務時，對抗與妥協並存（感覺全國如一盤散沙）；處理對外事務尤其應對外來入侵時，必定團結一心，一致對外（感覺全國如鐵板一塊）。說到這裏，又只好拿美國為例，美國人平時真的就是一盤散沙，如針對控槍、醫保等棘手問題時，國人彼此意見相左，紛爭不斷，以致白宮在柯林頓與歐巴馬時代，兩度關門停業。可我們再回看「九・一一」發生時的情景，美國人一致對外的強烈情緒，即便二戰時也不曾有過。

說了這麼多，無非在闡述一個簡單的道理，分權如同戰場上的分位行動，你一窩蜂式的衝殺，很容易被一鍋端；分位行動，傷亡率就低得多。政制也這樣，分權才安全。嬴政建立的政權，恰恰就是集權專制，所以，立世十六年而亡；漢朝前後也不過四百年，而這四百年間，有多少時間是劉氏一族掌握的？說來可憐，屈指可數（後面各章，多有論述）。中國的帝制史，往往就是一部沒完沒了的政權顛覆史，因為拿下皇帝，就等於奪取全國政權，可謂是：成本低，見效快。這巨大的誘餌，引無數野心家鋌而走險，圍攻帝國首都，搞宮廷政變，而且成功的例子，不勝枚舉。順手拈來，一抓一把，如漢朝一波又一波的外戚政權、宦官當家，如唐朝的李世民軟禁父皇、弒殺手足，如隋朝的楊廣弒父、戕害手足，如宋朝的趙匡胤黃袍加身、趙光義弒兄奪權等等。這只是略說，詳說寫本專著，都綽綽有餘。

周朝是分封制，與現代民主千差萬別。但就是這樣，周朝仍立世八百多年，成為中國歷史上最久的一個王朝。此後的中國，再無這樣的情形，有的只是集權專制下沒完沒了的改朝換代。這種政治模式，往復循環，複製、褪色、傾覆。如此蹩腳的政治雜耍，在中國這塊土地上不斷重演，以致都現代了，所行依舊是秦政制。人人都知道皇帝光著屁股，而他自己卻渾然不覺，且誇誇其談；人人都知道皇帝帶著國家走在專制的黑道上，而他自己卻沾沾自喜，說他帶著全國人民，摸索出一條前所未有的符合國情的具有特色的陽關大道。說白了，這條道就是他們這幫打天下的土匪永遠主宰。這是說現代的皇帝，中國早期的皇帝，權力多源自宗法制，政治上還沒有這麼下作，很多時候，他們幹什麼，全憑直覺與慣性。項羽就更別說了，打下天下，他連皇帝都不當。這是不符合「打天下坐江山」的流氓邏輯的。

項羽不當皇帝，那麼他要幹什麼呢？說來，很有意思。一個年輕威武的大將軍，平定天下所做的第一件事，竟然是尊楚懷王芈心為義帝，自稱西楚霸王（領地範圍，擁有梁楚九郡）。不用特別的加以解釋也知道，芈心是名義上的皇帝，而項羽實際掌握全國的軍政大權。簡單說就是，芈心為名譽皇帝，項羽為首席執政官兼西楚霸王。項羽為什麼要這麼做呢？他自己為什麼不當皇帝？當年，他見了嬴政大帝東巡時的威儀，不是說過「咱爺們可取而代之」的話嗎？如今他可以取而代之了，因何只稱王而不稱帝呢？二十多歲的毛頭小夥子項羽，實在讓人難以琢磨。

接下來，項羽的處事，更加讓人看不懂了。他定都徐州（時稱彭城）後，開始了一個政治洗牌動作，先是下令把所有新興的王國全部撤銷，置全國於他建立的西楚王國統治之下；接著又重新分封，起義者有份，復國者有份，中國從此進入具有項羽色彩的小城邦制時代（相對應的，周王朝時代的分封制為大城邦制時代）。

值得一提的是，項羽把劉邦的軍隊削減至三萬人，封其為蜀王，領地範圍包括巴、蜀和漢中（今陝西南部及湖北西北部），共四十一縣，國都為陝西南鄭①。同時，封前政府軍降將章邯、司馬欣、董翳為雍王、塞王、翟王，分領關中之地，以扼制劉邦。這是一個折中方案，項羽即沒有採取范增滅掉劉邦的建議，也沒有完全放任劉邦。

項羽這次封王，共計十九人（這些封王多曇花一現，故不多贅）。我們說，這是典型的項羽體制，它既不同於周王朝的封建制，也不同於秦朝的專制，而是彼此地位平等的聯盟制。項羽是這個鬆散型聯盟制下的國王之一，而非純粹的聯盟主席。

分封完畢，項羽一面率部衣錦還鄉，一面派遣將士，迫義帝芈心遷往長沙，定都郴地。另派一支三萬人的部隊，託詞護送劉邦，到南鄭上任。此外各國君臣，皆回封地。劉邦得知自己被封為蜀王，怒道：「項羽小兒無禮，竟敢有違前約，我誓與他決一死戰。」樊噲、周勃、灌嬰②等摩拳擦掌，待去廝殺，被蕭何諫阻：「不可，不可！蜀地雖險，總可求生，不致速死。」讓腦袋決定屁股坐哪裏，這很重要。劉邦沒有蕭何這樣的大腦，很難說他能有什麼政治作為。劉邦不解，反問道：「難道去攻項羽，便會速死嗎？」蕭何解釋道：「彼眾我寡，百戰百敗，怎能不死？先在蜀地穩住腳跟，愛民禮賢，養精蓄銳，然後還定三秦，進圖天下，亦未遲哩。」

劉邦聽了，怒氣稍平，復又諮詢張良。張良亦如蕭何所言，同時建議劉邦，重金賄賂項伯，使他轉達項羽，求封漢中。劉邦依計，重金賄賂項伯，乞將漢中加封。項伯見錢眼開，到項羽那裏，替劉邦說情。站在一己角度，項伯屢次壞他侄子的大事，這就叫吃裏扒外。說來奇怪，項羽竟然每回都配合他叔父項伯的吃裏扒外行動，這次亦然，真就把漢中地追加與劉邦，且改封劉邦為漢中王。如此叔侄，老天不滅他們，他們都要自滅。

天下初定，項羽帶著他的江東子弟兵，返回徐州。項羽東返，劉邦西去。劉邦的子弟兵，多為山東人，他們隨劉邦自沛縣征西，本就不快，這回倒好，離家的方向更遠了。子弟兵多有抱怨，有的就埋怨說：「項羽是東方人，劉邦也是東方人，憑什麼他定都東方，而讓咱家主公定都西方？山東那是爹親娘親的地方，項羽占了去，選那徐州好地做首都，偏偏咱是後娘養的，被發配西方偏僻山區做首都，也忒欺負人了。」一路埋怨，一路西行，偏偏在行軍的路上，劉邦又把棧道（用木板架在懸崖上鋪成的路）給燒了，更是斷絕回家的路。子弟兵們情緒波動甚大，又無可奈何。

張良隨劉邦至咸陽時，因思鄉甚切，意欲東歸。劉邦不拂人意，便答應了。張良走前，獻計燒絕棧道，一者告訴項羽，他劉邦永不東歸，使他不做防禦；二者告訴各封國，棧道已絕，好使他們知難而退，不致入犯。這是以退為進的良策，項羽得報，竟然開懷大笑，單純如此，難怪他後來失去天下。

上面約略提到項羽體制，言猶未盡，就相關話題，多說幾句。如果說秦始皇嬴政所建立的秦朝體制前所未有，那麼項羽所建立的西楚體制，同樣是前所未有。嬴政體制的特點是，一看即明，專制而統一；項羽體制的特點是，越看越糊塗，我們甚至無法說清，那是怎樣的一種制度、怎樣的一個國度。如果必須說出個子丑寅卯，西楚就不是一個統一的國家，而是一個地位都互相平等的國際聯盟，連邦聯的資格都夠不上。因為大家都是獨立王國，在體制方面，項羽這個國王並不能高過別的國王。

范文瀾史著中有一句評價項羽的話，說「他違反人民要求統一的願望，想恢復古代的霸王制度」③，所以，他失敗了。這樣的觀點何其主觀。歷史上，中國作為統一的國家，在秦朝僅僅維持了十六年。秦之前，中國人還不懂得什麼統一，更沒有這樣的意識。秦始皇的統一，是擴土意識；劉邦的統一，也還是擴土意識；之後的中國皇帝，直到清朝的康熙，他們眼中的統一，也無非是擴土的意識，外加一點「祖宗之土不可丟」的小意思。

中國人真正有了統一的意識，是民族主義崛起之際。那個時候，當在晚清。外國軍隊打進來了，瓜分了土地。這個時候，也正是世界範圍內的民族主義方興未艾之際。倘不是趕上這麼個節骨眼，中國人也一定沒有什麼統一的意識。到了「五．四」，青島的歸屬問題，弄到國際社會去討論，政府守土有責，知識界衛土有聲。中國的民族主義，這時才真正入軌上道，統一也才漸次成為民族共識。

「五．四」時期的民族主義還很單純，土地問題、統一問題同樣單純，等到毛澤東和蔣介石起了權爭的時候，他們各自挾持統一話題，輿論先行，接著大打出手，民族主義不再單純，而是成為政客們利用的工具。范文瀾史著中的那句「他違反人民要求統一的願望」，更像是說給蔣介石聽的，反觀那句話的深意就是，毛澤東沒有違反人民要求統一的願望，所以，他統一了中國（當然不包含臺灣）。

時至今日，「統一」成為中國極度敏感的政治話題，稍有不慎，就會因此被難，輕則千夫所指，漢奸、賣國賊的罵名，劈頭蓋臉砸下來；重則下獄。民族主義之脆弱，不堪一擊。

中國學人一提秦始皇，必然涉及他統一中國的貢獻。以今天的眼光，這是首位的嗎？統一問題，一直占據著專制主義者們的理論榜首，並昇華為主權概念。倘有人提出主權的對立面——人權，專制主義者則毫不留情，至為撻伐，污以顛覆政權罪，勢必除之而後快。這已經不是統一問題，而是借題發揮鏟除異己了。

至此，我們可以說，「統一」已然異化，從單純的疆土統一，而異變為政治統一、思想統一、意識統一……總之，只要有利於利益集團長期執政、永遠執政，任何統一都是必要的、第一位的。甚至為了維護政權的穩定，疆土的統一，可以讓位與政治領域的統一、思想領域的統一。換言之，思想政治上的高度統一，往往高於疆土統一。

所以，我們常常看到後專制主義者提出一些不著邊際的蹩腳理論，並要求他的臣民去學習、去領會；乃至動用國家資源，耗費納稅人的錢，組建龐大的宣講團，去民間完成不可思議的洗腦工程。其目的，就是要求臣民的思想，統一在利益集團旗下，以便於嗜權如命的獨裁者及其子孫萬代長期執政、永遠執政。

至於疆土的統一，恰恰是這些嗜權者所最不願觸及的，因為操作不好，會讓他們丟了政權。在嗜權者眼裏，疆土統一與執政權相比，顯然是後者大於前者、優於前者。這是說後專制主義者。項羽不存在這樣的問題，甚至他連個標準的專制主義者都不算。那麼，究竟如何給項羽體制定義呢？為便於後面的敘述，我們權且稱項羽體制為「西楚聯邦王國」好了。說到底，還是霸王主義先行。

① 本書所涉地名，如古今一致者，則直接入文，不再注釋今稱。

② 灌嬰，今河南商丘人；隨劉邦滅秦，屢立戰功。劉邦稱帝後，封為潁陰侯。與陳平等滅諸呂，拜太尉、丞相。

③ 范文瀾，《中國通史簡編》上（河北教育出版社，二〇〇〇年），頁一一六。

第二章
一不留神做了皇帝

相煎總太急

兩漢尾聲之際，曹操一族，光芒四射的出現在中國歷史上。曹操有個兒子，叫做曹植，是當時很有名的詩人。在曹丕、曹植兄弟之間，因為政治遺產的繼承，出現水火不容的局面。曹丕令弟弟曹植，七步之內做出一首詩來，不然就行大法。曹植有才，應聲而成〈七步詩〉，曰：

煮豆燃豆萁，豆在釜中泣。
本是同根生，相煎何太急。

手足之間尚且如此，那劉邦與項羽為異姓兄弟，又有什麼好客氣的？戰爭是看得見的血腥，政治是看不見的血腥。在劉邦與項羽之間，看得見與看不見的，同時上演。利益面前，兄弟相煎不是何太急，而是：相煎總太急！

劉邦與項羽如何反起目來的呢？就讓我們先從劉邦身邊的兩個小人物說起。為便於區別，本書將這兩個小人物稱為韓信、小韓信①。韓信流氓出身，小韓信貴族出身。這裏先說後者。

小韓信是戰國時代韓國襄王庶出的孫子，六國復興之際，他跟著革命者們起事，成為劉邦隊伍之一員。在歷史上，他連曇花都不如，唯入視野的，是他把軍中的思鄉情緒，反應給劉邦，說：「項羽分封諸將，均在近地，獨使主公西居南鄭，這與發配無異。況軍吏士卒，皆山東人，他們日夜望歸，主公何不趁機，殺回東方，與項羽一爭天下？」劉邦之所思所想，亦正著眼於此，唯恨時機未熟，遂道：「我亦未嘗不憶念家鄉，但一時不能東還，如何是好？」

二人正說著，忽有軍吏進來報告，說丞相蕭何離隊出走。下面的故事，便牽出歷史上很有名的那個韓信來。蕭何幹什麼去了？不是有那麼一齣戲嗎？叫做《蕭何月下追韓信》。這段歷史故事大家太熟悉，我就不說了。需要說的是，韓信也在鬧情緒。他鬧什麼？他鬧懷才不遇，是以負氣而走。蕭何畢竟是縣裏幹部出身，知道輕重，把韓信追回，告訴劉邦：「你待那韓信，猶如待小兒，罵罵咧咧，就差動手打人了。這不行，你得重視人家。」劉邦說：「我也不知道他幾斤幾兩，怎麼個重視法？」蕭何道：「此人的本事，非拜將不可。」流氓精神，就在於進退自如。韓信是這樣，劉邦也這樣。劉邦說，拜將就拜將。齋戒築壇，動靜弄得天大地大，讓官兵們看傻了眼。

韓信得拜大將，劉邦欲出師東征，問計韓信。韓信說：「齊國貴族後裔田榮不滿分封，趕走齊王，殺死膠東王，自立為齊王。項羽火冒三丈，率部前去平息叛亂。這正是我們重返關中的大好時機。主公可派兵假裝修復棧道，以迷惑項羽；主力部隊由陳倉而出，出其不意，關中必唾手可得。」劉邦大喜，鼓掌道：「張良亦是此意，英雄所見略同。」遂派了兵士數百人，佯去修築棧道，自與韓信率領三軍，從首都南鄭出發，奪取項羽在故秦領土上分封的幾個王國。則蕭何居守都城，徵稅收糧，接濟軍餉。三秦地盤，不到一個月，皆歸劉邦。

時值齊趙兩國皆反，項羽正奮力平叛，又聞關中盡歸劉邦，不由得大肆咆哮，急欲揮軍西征。項羽勇猛，且人數眾多。劉邦深恐就此被項羽滅了，正束手無策，張良自老家而歸，前來為劉邦的東征計劃出謀劃策。劉邦軍中，韓信、張良為左膀右臂，可謂如虎添翼。

說話間，已是前二〇六年夏秋，項羽締造的西楚王國，立世僅數月，內戰便再度爆發。可憐的中國人！

項羽衣錦還鄉後，犯了一個致命的錯誤，那就是弒殺義帝芈心。說到這裏，須倒回去說一說。西楚聯邦王國的首都，一開始在盱眙，後來遷都至徐州。項羽歸來，便覺得芈心礙眼，於是將其發往湖南。更為愚蠢的是，項羽還暗囑手下，除掉芈心。手下自然不能違令，半路上，真就殺了芈心。

芈心本是牧童，倘無內戰，他會一直把羊放下去，看看藍天，聽聽鳥鳴，這未嘗不是一種生活。以嬴氏為首的暴政集團，殘虐黎民，引發起事大潮。因緣際會，芈心才被一幫軍事強人弄來，給他們張目，做傀儡。天下初定，芈心的利用價值便沒有了，做傀儡都嫌他礙眼，一腳踢開也就算了，還把他給殺了。可憐的牧羊人！

政治這東西，講究的是平衡藝術。平衡點的建立需要很多條件，但打破某個平衡點，卻輕而易舉。西楚聯邦王國的國家元首芈心，就是一個平衡點。之前，他雖然只是個牧羊人，可他一旦坐到元首那個位置上，不管他的實際能力如何，也不管他是否握有實權，他已然為權力中心。我們當然知道這是一種權力假設，不過，也正因為有了這種假設，有了這個以假設為前提的平衡點，各路人馬才有了歸依感，項羽與劉邦，才成為同志，成為革命兄弟，才同為楚將，並奔同一個目標而去，那就是推翻無道的嬴秦中央政府。

二十世紀上半葉的抗日戰爭，一度使蔣介石與毛澤東成為同一戰壕裏的革命同志，成為兄弟。這就是說，抗日戰爭本身，就是他們的平衡點。抗日戰爭結束，平衡點消失，二人分道揚鑣。項羽與劉邦的平衡點多了一個，看上去比蔣介石與毛澤東的關係穩固些，其實不然。平衡點不在多少，而在於是否牢固。在項羽與劉邦之間，芈心是一個平衡點（共同的元首），嬴秦中央政府是一個平衡點（共同的戰爭目標）。按理說，他們二人的關係要牢固些。問題是，建立平衡容易，打破平衡簡單，這注定再多的平衡點，也無濟於事，最終還是要看所設立的那個平衡點，是否科學、可行。

西方人設立的政治制度，就是一門平衡藝術、平衡大全。有一年，我站在書店捧讀美國憲法著作，竟讀得一詠三嘆，那些平衡點的設計，看似冰冷無情，實則充滿人文情懷。我常想，西方人是怎麼做到的？冷冰冰兼顧暖洋洋，不可能的事，西方人使之成為可能，這不是智慧又是什麼？美國人兩百多年前創立的憲法，使用至今，仍完好如初。之所以如此，那是因為美國開國先驅們的平衡點設計得好。

中國幾無平衡藝術一說，政治上，這個古老的國度至今沿用老子、孔子、韓非子們的馭民術。你一定知道「馭」字的含義吧，就是騎著又打著的意思，此即專制對待人民的態度（專制政體，尊君抑民是也）。專制因為不講平衡，所以才有暴政，所以才有反抗，所以才有惡性循環般的改朝換代。項羽與劉邦是這惡性循環中的一環，當嬴氏王朝被推翻後，他們共同的戰爭目標也就是那個平衡點，消失了。可是，他們之間還有一個平衡點呀，那就是西楚聯邦王國的元首芈心。

項羽沒什麼文化，身邊也缺乏文人，所以，他統御下的那個中國，名分上很有些不倫不類。這也有點像民國時期的北洋政府，無論看上去，還是聽上去，跟中國不怎麼掛扯。但不管怎麼說，項羽與他統御下的封國君主們，共立芈心為義帝，那芈心就是全中國人的元首，更是各封地國王們的元首。芈心再是傀儡，起碼的尊重是要有的，不然還不如不立他。可項羽不這麼想，他也許認為，他都西楚聯邦王國的首席執行官了，還弄個牧羊人騎在自己頭上，做太上皇，那自己還算什麼霸王？於是，就把芈心給結果了。

說起來，項羽跟曹操真是差遠了。項羽手裏有義帝，他不留著用，給宰了；曹操手裏有獻帝，挾天子以令諸侯，終使曹家人得天下。項羽武人，曹操文人，這就是差別。芈心是項羽手裏的平衡點，有了這個平衡點，手下各王不聽招呼，你出師就會有名。中國人很講究這個，出師有名，你就得道多助，旗開得勝了。結果，項羽把手裏好端端的一張牌丟到江裏，授人口實。曹操死死抓住漢獻帝那個平衡點，無論你承認也罷，不承認也罷，他就是那個軍閥混戰時代的正統，皇帝在他一邊呀。所以，三國時代得天下的是曹操一族，而非孫劉之輩。可見，曹操是玩平衡術的專家。當然，他的那個平衡術，僅限於帝制時代。換做民主政治，他的那些玩法，直接就是反人類的，令人不齒。

---

① 劉邦取得天下，封小韓信為韓王，後因他勾結匈奴叛漢被誅。

虞姬刎劍

前二〇六年十一月，劉邦藉口項羽弒殺國家元首芈心，大舉東征。劉邦令三軍素服三日，並遣使帶著檄文，布告各封國。檄文大意說：

天下共立義帝芈心，北面事之。然那項羽，大逆不道，竟弒殺義帝。今劉邦率部，親為義帝發喪。願諸侯深明大義，共擊項羽，為我主芈心報仇雪恨！

劉邦的「明修棧道，暗渡陳倉」，使得他奪取陝西地盤。此刻他以正義之師的名義，討伐西楚聯邦王國首席執行官項羽，恰有那不滿項羽的國王跟著起鬨，於是便形成一個以劉邦為中心的反政府聯盟，這個大軍，號稱五十多萬人。

項羽也不是吃素的，迎頭就打。這就叫兄弟反目。原本的同志，原本的兄弟，為了各自利益，大打出手。項羽有一夫當關萬夫莫開之勇，劉邦有張良為智囊、韓信為大將，也算是旗鼓相當，這場內戰，便呈現拉鋸狀態。此前的內戰，以嬴胡亥為首的中央政府是被反的一方；僅幾個月工夫，項羽又成為那個被反的中央政府。世事無常，歷史重演，令人無限感慨。

前二〇五年春夏之交，戰場上出現轉機，反政府聯盟攻陷項羽的首都徐州。這時，劉邦就有點沾沾自喜，整天與諸侯喝酒相慶。身在齊國的項羽，急率輕騎三萬奔襲，斬殺聯軍十萬人，溺水淹死十萬人，劉邦僅率數十騎逃脫，反政府聯盟潰散。好色的劉邦，在敗逃途中，竟然不忘尋歡作樂，於山東定陶，邂逅戚家女孩，與之諧歡。十月懷胎，戚氏生下劉如意。這戚氏（史書又稱戚姬或戚夫人），劉邦寵愛有加（詳見第四章〈漢家寡婦〉）。後來，劉邦於定陶登基為帝，不知是否與這段艷遇經歷有關。

同年六月，劉邦重整兵馬反攻，依托關中，與項羽做長期抗爭；七月，章邯兵敗自殺，劉邦除去後顧之憂；接著又派韓信攻魏，俘魏王魏豹。劉邦見魏豹姬妾薄氏貌美無比，遂派人送入後宮，編入他的妻妾隊伍。幾番風月，薄氏懷胎生男，取名劉恒（詳見

第五章〈可圈可點無幾人〉）。很快，即迎來白雪皚皚的冬天，項羽反攻，圍困滎陽。劉邦用陳平反間計，使項羽懷疑范增，迫使范增怒而歸鄉①。劉邦又派紀信裝扮成自己去楚軍詐降，趁機逃出滎陽。這雖說是劉邦東征，可他這戰爭之旅，卻是屢戰屢敗。

但我們又不得不說，勇者的力氣，總是有限的。所以，隨著戰事的拖延，項羽漸漸不能應對，只好求和。劉邦也打得筋疲力盡，就坡下驢，同意了。前二〇三年，雙方以鴻溝（嬴政大帝開鑿的運河）為界，瓜分中國，鴻溝以西歸劉邦，鴻溝以東歸項羽。歷史上的楚河漢界，就是這麼來的。

劉邦項羽簽署和平協議之後，項羽把所俘擄的劉邦的父親和老婆孩子，送還劉邦，遂率領大軍東歸。項羽大軍前腳剛走，劉邦隨即叛盟追擊。項羽倉促應戰，劉邦仍不為對手。但當韓信趕到後，局勢急轉直下，楚漢決戰，就這麼倉促到來。

前二〇二年一月，也就是劉邦、項羽內戰的第五個年頭，劉邦、韓信、劉賈、彭越、英布等各路漢軍約七十萬人，把項羽的十萬久戰疲勞的楚軍，追擊到安徽靈壁。此地時稱垓下，在西楚聯邦王國時代很有名，原因就在於，韓信在此設下十面埋伏，使得項羽陷入重圍。

韓信揮軍進攻，採誘敵深入之術，包抄楚軍。楚軍大敗，亡四萬，俘兩萬，逃兩萬，最後僅剩不到兩萬傷兵，隨項羽退回陣中。楚軍退入壁壘堅守，被漢軍重重包圍。楚軍兵疲食盡，厭戰情緒，四處瀰漫。

項羽有寵姬虞氏，隨軍在側。這一點，頗像劉邦的寵姬戚氏，劉邦在外打仗，戚氏亦往往隨駕。這天傍晚，虞姬焦慮不安，等候項羽作戰歸營。這是一個可以展開想像的畫面，營區周圍瀰漫著嗆人的煙味，黃昏下，弱女子虞姬，倚門而立。一縷頭髮，隨風搖曳，輕撫她那略顯憔悴的臉龐。營門外的方向，令虞姬望眼欲穿，一行新淚，沿著舊淚痕緩緩流下。就在這時，羽戰敗歸來，虞姬不顧一切，迎上前去。虞姬見丈夫疲憊不堪、萎靡不振，且神色倉皇，很是驚異。待項羽進帳坐定，喘息稍平，才問及戰況：「大王，莫非戰事不利？」項羽唏噓道：「竟敗得不可思議！」虞姬勸慰道：「勝負乃兵家常事，大王不必憂勞。」

虞姬遂囑咐行廚，整備酒肴，為項羽壓驚。才飲得三五杯，便有軍卒入帳，報稱漢兵圍營。項羽道：「快去傳諭將士，小心堅守，不可輕動，待我明日再決一死戰！」軍卒應聲而退。項羽與虞姬借酒澆愁。項羽多喝了幾杯，因為困乏，身子一軟，直入夢鄉。虞姬百般溫存體貼，在側廝守。不大會兒，耳邊響起一片歌聲，如怨如慕，如泣如訴，恍如九皋鶴唳，四野鴻哀。觸歌傷情，虞姬悲懷戚戚，淚眦熒熒。再看看丈夫，那項羽已是鼾聲如雷。

虞姬所聞悲歌，乃張良所編。張良真奇才也，他不僅懂兵法，還懂文藝。他之所編，乃楚國大地的流行調，但凡自那塊土地上出來的人，一聽便知是鄉音。只是歌詞，過於讓人傷感了些：

人心都向楚，天下已屬劉；
韓信屯垓下，要斬霸王頭！

這首歌，因簡單易學，張良很快教會軍卒，又令他們至楚營旁，四面唱和。那歌謠，句句哀傷，字字悲戚，致使楚軍士卒思鄉厭戰，軍心瓦解，遂陸續溜之大吉。那鍾離昧、季布等人，追隨項羽多年，聞歌而變，走了。就連項羽的叔父項伯，亦聞歌而逃，投奔張良去了（項伯的吃裏扒外，也總算有了個結果）。臨了，項羽唯剩八百精騎，忠於職守。

虞姬聽了那歌，心煩意亂，又不忍叫醒丈夫。恰此時，項羽於夢中驚醒，突聞楚歌，不禁驚疑，出帳細聽，那歌聲自漢營而出，詫異道：「漢兵已盡得楚地了嗎？為何漢營中有許多楚人？」軍卒稟道：「軍隊譁變，項伯大人，鍾離昧與季布，亦不知去向。」項羽極為震驚：「有這等急變嗎？」此時的項羽，真可謂孤家寡人也。他當即返身入帳，見虞姬站立一旁，已成淚人，也不由得泣淚成行。項羽旁顧席上殘羹剩飯，遂令侍從，重整酒肴，與虞姬再度共飲。什麼意思？項羽知道大限將至，他要就此與愛姬永別。飲了數杯，項羽借酒唱道：

力拔山兮氣蓋世！時不利兮騅不逝！騅不逝兮可奈何！
虞兮虞兮奈若何！

項羽的意思是：「我雖然有拔山的力氣，可是時不待我，虞姬啊虞姬，你說我該怎麼辦呢？我可以一死了之，那麼你呢？」此情此景，正應了漢樂府民歌中的那句「悲歌可以當泣」。聽罷，虞姬已知歌意，亦口占一詩，唱道：

漢兵已略地，四面楚歌聲。
大王意氣盡，賤妾何聊生！

唱罷，虞姬潸潸淚下，項羽亦陪了許多滾燙的淚水。左右侍臣，皆情不自禁，悲泣失聲。驀然聽得營中更鼓，已擊五下，項羽乃對虞姬道：「天快亮了，我當冒死突圍，愛妾怎麼辦？」虞姬道：「妾蒙大王厚恩，追隨至今，今亦當隨去，生死相依；倘得歸葬故土，死而瞑目！」項羽道：「愛妾這麼弱的身子，如何突圍？你還是尋條生路去吧，你我就此永別。」虞姬突然起立道：「妾生是大王的人，死是大王的鬼，願大王前途保重！」說完，從項羽腰間拔出佩劍，對頸一刎，香消玉殞。項羽遂撫屍大慟。

歷史上，虞姬僅有一次出鏡的機會，便被記住，且名垂史冊，這實在是罕見的一件事。這段歷史雖被我輕描淡寫，但它在中國的戲曲史上，卻是一部不可或缺乃至永遠的重頭戲。

安葬了虞姬，項羽趁天色未明，帶了八百精騎突圍，向南遁去。項羽率殘部突圍南下，漢軍急追，項羽奔到烏江，僅剩二十六個騎兵。烏江村長勸項羽南渡長江，他安慰道：「江東②雖小，地仍有數百里，人仍有數十百萬。留得青山在，何愁沒柴燒？」項羽道：「我當初率江東子弟八千人，渡江西征，如今沒有一人生還。即令江東父老仍憐恤我，尊奉我為國王，我也無顏與他們相見了。」於是，把坐騎贈給那位村長，遂舉劍自刎。

西楚聯邦王國驟興驟亡，短短的只有五年歷史。中國歷史上，如此短暫的王朝，真不多見。項羽的死對頭韓信評論他：「項王不能任用良將，乃匹夫之勇，無大謀可論。不過呢，項王也並非一無是處，他這個人呀，有時還特別仁厚，待人敬愛，言語溫和，遇到手下人病了，他往往涕泣分食。令人遺憾的是，項王的這點長處，也往往是曇花一現。他這裏剛剛讓人感動一下，突然臉就變了。比方說有人立了戰功，按例加封，可他卻把玩封印，就是不肯授予人家。項王有婦人之仁，是以難成大事。所以說，項王實不如漢王。」

司馬遷在《項羽本紀・贊》裏，贊他沒有尺寸封地，崛起於民間，僅三個年頭，便統率五國聯軍，滅了秦朝，自封霸王，封王立侯，號令天下；批他自負，五年亡國，至死不察自己的過失，竟然振振有詞，說：「天要滅我，並非仗打得不好。」司馬遷批項羽這種自辯太荒謬。

但我要說，不是天要滅項羽，而是他的年齡，毀了他的事業，毀了他的人生。以項羽自刎這一年為坐標，項羽多大年齡？劉邦多大年齡？項羽三十歲，劉邦五十四歲。撇開性格因素，僅就年齡而言，二三十歲的人，如何去掌控全面戰爭？即使能掌控全面戰爭，又如何能掌控政治格局？更何況，項羽身邊還有一位吃裏扒外的叔父項伯。政治是遠遠複雜於戰爭的，項羽懂得戰爭，卻不懂得政治，這是他失敗的根本原因。

---

① 陳平用反間計，使項羽疏遠了他尊稱為亞父的范增。范增一氣之下，請求歸鄉。項羽不予挽留，等同驅逐。范增老頭，項羽的唯一智囊，就這麼黯然離去。更不幸的是，他心情不好，病逝於途中旅舍。

② 江東，即長江以東，所指區域有大小之分，可指南京一帶，也可指安徽蕪湖以下的長江下游南岸地區，即今蘇南、浙江及皖南部分地區。

被複製的歷史

在推翻嬴秦中央政府的艱困工作中，劉邦很不怎麼不賣力，因此也就沒有積善累功。倒是項羽，與帝國的軍隊，正面作戰，最終推翻秦朝。雖然說項羽的手段過於暴虐（如詐降坑埋二十餘萬中央軍），但畢竟說，他是那場變革的主力軍領袖。

二十世紀上半葉日本人侵略中國，跟日軍正面接觸並打得慘烈的，是蔣介石領導的國軍，而毛澤東領導的共軍，以在陝甘寧邊區搞生產為主。經過八年抗戰，日本人被趕走了。隨後，內戰驟起，五年而分勝負，蔣介石敗退臺灣，毛澤東主政大陸。蔣介石毛澤東的命運轉折，與項羽、劉邦的命運轉折，何其相像！

項羽與劉邦戰勝共同的敵人嬴胡亥，哥兒倆接著打了五年，敗的是項羽，也就是與中央軍正面接觸的那位軍事領導人；蔣介石與毛澤東戰勝共同的敵人日軍，哥兒倆接著也打了五年，敗的是蔣介石，也就是與日軍正面抗爭的那位國家領導人。就連一些細節都很相像：項羽、劉邦合作時，項方借軍隊，支援劉邦；國共合作時，蔣方物資周濟毛方；翻臉時，劉方追擊項方，項羽無臉見江東父老，自刎；毛方追擊蔣方，蔣跨海去了臺灣。最後一點，也許就是項羽與蔣介石的不同，後者能夠放下關乎臉面的問題。蔣介石跨海的時候，也許就想到過「勝敗乃兵家常事」的古訓。垓下被圍，虞姬勸慰項羽時，就引用了這句古訓。畢竟項羽的面子觀大於一切，也就沒有迴旋的餘地，算了算了，還是死了的好。於是，一抹脖子，化作一縷青煙，散去。

我們無法想像項羽不死會是什麼樣，但我們卻知道，蔣介石當年之不死所帶來的啟發。一九四九年，基督徒蔣介石，乾脆就不去見什麼江東父老（那或許根本就不是問題），帶著二百多萬大陸軍民，渡海去了臺灣，與毛澤東隔海而治。半個多世紀過去了，大陸與臺灣在各自的體制內運轉，彼此的好與壞，世間自有公論，無需我在此贅述。蔣介石不自刎的最大好處是，他給中國人多提供了一個生活的樣本：你可以這樣活，也可以那樣活，而不必只有一種活法。

不同的選擇，使我們有機會加以對比，好壞暫且不論，多一種選擇，就多一個生活側面；多一個生活側面，就多出若干思考。項羽不死，選擇過江，未必能給我們提供蔣介石那樣的觀點，畢竟歷史的局限就擺在那裏，但誰又能說，絕對不對後世構成影響呢？別忘了，項羽自命為西楚霸王的時候，他的天下是分封制，也就是近似的城邦制；而劉邦的天下，則是與秦始皇一脈相承，也就是實行大一統的郡縣制。

城邦制與郡縣制，是兩個儼然不同的政治體系，項羽是天下共享，而劉邦則是天下獨吞。劉邦建立的漢朝，就是不與任何派別分享權力，他的天下是：只知漢朝有劉而不知其他。所以，他才搞出個「不是姓劉的封王人皆擊之」的白馬誓言。雖然說後來異姓也封了王，分享了老劉家的權力，可那也是不得已的權宜之計，時機一旦成熟，老劉家就卸磨殺驢，對異姓王大開殺戒，韓信啦、英布啦、彭越啦等等，不都是那麼被老劉家給宰了的嗎？所以，我倒是常想，若劉邦不耍流氓、不背信棄義，去背後襲擊追打項羽，天下遵循楚河漢界的誓約，那麼中國說不準就不會沿著秦始皇的郡縣制一直走下去，則兩千多年來的中國，一定如春秋般多元。可惜的是，劉邦的大一統帝國，擊碎了這種可能，中國人從此無福享受多元的政治格局與多元的文化格局所帶來的心靈福利。可憐的中國人！

天下歸劉

第二帝國

項羽自刎，天下初定，劉邦開始論功行賞，分封天下。劉邦分封異姓功臣為王者八國，侯國百餘。異姓封王者分別是：韓信、彭越、英布、張耳、吳芮、小韓信、臧荼、盧綰。封侯者分別是：蕭何（酇侯）、張良（留侯）、陳平（戶牖侯）、曹參（平陽侯）、周勃（絳侯）、樊噲（舞陽侯）、酈商（曲周侯）、夏侯嬰（汝陰侯）、灌嬰（潁陰侯）、傅寬（陽陵侯）、靳歙（建武侯）、王吸（清陽侯）、薛歐（廣嚴侯）、陳嬰（堂邑侯）、周紲（信武侯）、呂澤（周呂侯）、呂釋之（建成侯）、孔熙（蓼侯）、陳賀（費侯）、陳豨（陽夏侯）、任敖（曲阿侯）、周昌（汾陰侯）、王陵（安國侯）、審食其（辟陽侯）。列侯有爵位，有食祿，但不封國。

受封的韓信等，聯名上疏，請漢王劉邦即位稱帝。劉邦假意推辭，韓信等勸道：「大王雖出身貧寒，但能率領眾人掃滅暴秦，誅殺不義，安定天下，功勞超過諸王，您稱帝乃眾望所歸。」劉邦順水推舟道：「既然大家都這樣看，那就按你們說的辦吧。」

前二〇二年二月二十八日，劉邦在山東定陶舉行登基大典，定國號為漢。如果說嬴政建立的秦朝為第一帝國，那麼劉邦建立的漢朝，是當之無愧的第二帝國。剔除項羽建立的西楚聯邦王國這個插曲，這便形成前後相繼的政治局面。中國政治的現實是，百代皆行秦政制，而這一殘酷的現實，便來自劉邦對秦始皇政體的全面接受與發展。這便是劉邦對秦政制的貢獻，同時也是對中國多元文化的有力破壞。沒有劉邦的中國，也許就是另一副模樣。畢竟項羽體制，曾經給我們帶來過某種幻想。

劉邦即位，立呂雉為皇后，王太子劉盈為皇太子。除封國外，所餘地方，仍為郡縣，各置守吏，與秦制無別。劉邦命諸王歸國，他則率文武，暫以洛陽為都（後定都長安）。遂派大臣，遣使至沛縣故里，召兄弟子侄入都，同享富貴。劉邦外室曹氏攜子劉肥、戚氏攜子劉如意，亦趁便挈同至都。父子兄弟、妻妾子侄，陸續到齊，歡聚皇宮。同姓諸王，得封九國。劉姓封王，地盤最大者當屬劉邦長子劉肥，他的封地為齊國，擁有七十三個縣。不僅地盤大，劉邦還把故交曹參派去，給劉肥為相。

劉邦得道，雞犬升天。大漢開國，各安其位。隨後，劉邦將復興之六國後裔，以及地方的名門望族共十多萬人，全部遷到關中居住，置於中央控制之下，以除後顧之憂。當時的十萬多土豪望族，為令所迫，不得不扶老攜幼，狼狽入關。這使我們想起嬴政初定天下的事，他也這麼幹過，把民間豪家名士十二萬富戶遷居咸陽。嬴政與劉邦，遷徙土豪望族，前後二十餘萬戶，人口凡百萬。可憐的富人，本來各守故土，安居樂業。誰料人生無常，無端被遷徙，拋家捨業，風餐露宿，去到一塊陌生的土地。無論是咸陽，還是關中，皆因人地生疏，謀食維艱，富戶變貧家，土豪變窮氓。從極權專制的角度來說，這也的確是維護政權穩定的一個好方法。相關話題，我們將在本書最後一章的「財產干預政治」一節，展開來談。

劉邦的皇帝大位尚未坐穩，便接連得報，匈奴①犯邊。劉邦召關內侯婁敬，向他徵詢邊防事宜。婁敬道：「天下初定，士卒久勞，若再興師遠征，徒勞無益。」劉邦道：

「難道任其所為不成？」婁敬又道：「也不是。那冒頓單于，弒父自立，性若豺狼。對付這樣的人，唯久遠之策，方可無虞。只是不知，陛下允否？」劉邦道：「果有良策，你盡可明白實說。」婁敬道：「欲要匈奴臣服，只有和親一策可為。」劉邦道：「此計甚善，我亦何惜一女呢！」當下回到後宮，與老婆呂雉商量。

呂雉聞聽，大驚道：「我唯有一子一女，相依終身，奈何陛下欲將女兒，棄諸塞外，配做番妻？更何況，女兒已許字張傲，陛下身為天子，怎可食言？恕難從命！」說至痛處，呂雉已是珠淚成串。劉邦見老婆如此心疼女兒，只好作罷。

本書第一節我們便交代過，呂雉與劉邦生得一兒一女，即劉盈與劉樂是也。呂雉特別喜歡她這個女兒，早早訂婚，許配給張耳之子張敖。說起張耳，還是劉邦年輕時結識的朋友。劉邦慕魏公子信陵君無忌之為，很想投其門下。於是，西行至大梁，但信陵君已死，而故信陵君門客張耳亦召納門客，遂投至張耳門下，兩人結成知己。及魏國滅亡，張耳成為秦帝國政府的通緝犯，門客皆散，劉邦亦回到老家沛縣。天下大亂，又使劉邦、張耳走到一起。劉邦稱帝，張耳被封趙王；後其子張傲襲爵。

言歸正題。過了一夜，呂雉恐劉邦生變，忙令太史擇吉，把長公主劉樂嫁與張敖。恰好張敖朝賀在京，趁便做了新郎。那張敖與劉樂兩口兒，恩愛纏綿數日，便雙雙趕回張傲的封地趙國。長公主劉樂的封號，原本叫做魯元公主，一到趙國，其身分便易為趙王后。劉邦仍念念不忘和親良策，遂令後宮所生之女兒，詐稱長公主，嫁往匈奴。北方邊患壓力，由此告緩。

劉邦登基為帝，歷史給予他這一時期的評價是積極而正面的，如「與民休息，穩定秩序」等語。約瑟・湯恩比甚至把劉邦與開創羅馬帝國的凱薩相提並論，說：「凱薩未能目睹羅馬帝國的建立以及文明的興起，便不幸遇刺身亡，而劉邦卻親手締造了一個昌盛的時期，並以其極富遠見的領導才能，為人類歷史開創了新紀元！」我對湯因比的這一評價頗不以為然，怎能說劉邦「為人類歷史開創了新紀元」呢？人類的新紀元是什麼？是秦漢式專制嗎？湯因比太不瞭解中國，更不瞭解劉邦，他的一些歷史結論，過於荒腔走板。

基於上面的看法，我在此想進一步談一談對「人類新紀元」的認識。既然是「人類新紀元」，那定義就一定是積極一面的。以時間而論，西元一年，那就是新紀元，由此開始，紀元的時間不再倒著來，而是順時計算了。以文明而論，人類歷史上的第一個共和國——羅馬共和國，才屬於人類歷史上的新紀元；英國開創議會制、公布大憲章，才屬於人類歷史上的新紀元；英國的工業革命，才屬於人類歷史上的新紀元；美國人所開創的新的民主政治模式，才屬於人類歷史上的新紀元……上述新紀元給人類提供了豐富的精神文明，而劉邦的新紀元所給中國人帶來的，卻是萬劫不復的精神災難，直到如今，議會、民主、自由這些標誌著現代文明的精神產品，仍是中國人可望不可即的東西。所以我說，劉邦不是「為人類歷史開創新紀元」，而是為中國人創造了一個無底深淵。對於劉邦及其團隊，我只有批判而無讚頌。

劉邦的性格

無論劉邦出身如何，我們都必須承認，他算是天底下運氣最好的人之一。可是這個人的性格，與他的運氣，實在無法匹配。時人魏豹對劉邦的看法是：傲慢，喜歡侮辱人，尤其他被項羽封為漢王後，更是無端辱罵手下大臣，非禮至極。

魏豹對劉邦的看法，具有代表性。事實上，劉邦就是這樣一個人，流氓嘛，就得流言匪語。也不只出口成髒，劉邦的舉止，也頗符合流氓的特點。講幾件他的小事。劉邦打江山那會兒，行軍至高陽，訪賢求士。軍中有一騎士，家在高陽，得遇同鄉酈食其。酈食其對那位騎士說：「我聽說劉邦傲慢自大，卻有謀略，這樣的人，我之偶像也。你能否把我推薦給他？」

那位騎士答應，並將酈食其推薦給劉邦。劉邦一聽，賢士是一位六十多歲的儒生，心裏就特不得勁兒，慢待道：「你叫他來，我看看。」酈食其如約，卻見劉邦正坐在床上，令兩個女孩給他洗腳。酈食其人稱狂生，哪受得了這般屈辱？指斥劉邦道：「您是想幫助秦國攻打諸侯呢，還是想率領諸侯滅掉秦國呢？」劉邦罵道：「你個奴才相儒生！天下苦秦久矣，諸侯才起兵反抗暴政，你怎麼說我要幫助秦國攻打諸侯呢？」酈食其不為所懼，抬高嗓門道：「如果您決心推翻暴秦，就不應該用這種倨慢不禮的態度來接見長者。」劉邦這才起身道歉，以禮相待。酈食其有個弟弟叫酈商，聚眾數千。因酈食其給劉邦做幕僚，其弟酈商遂率部從，投在劉邦帳下聽令。

劉邦不僅有洗腳癖、好色癖，似乎還挺喜歡粉嫩的小太監。房中事，當然要避諱人，然而，劉邦拿小太監當枕頭，卻從不避諱。臣下找他彙報工作，他就躺在床上，頭枕小太監，哼哈作答是他，罵爹罵娘是他。臣下都知道自己這位主子流氓出身，辦公不講章法，也只好硬著頭皮，任其祖宗八輩的糟蹋。不然又如何呢？劉邦連自己的父親，都不怎麼客氣。

劉邦與項羽爭霸，項羽抓捕了劉邦的父親與妻兒，兩軍僵持之際，項羽激將說：「劉邦給我聽好了，你若再不出來投降，我便把你老爹油炸吃了！」劉邦說：「項羽也給我聽好了，你我約為兄弟，我爹就是你爹，你要油炸了咱爹，到時別忘了分我一杯羹！」項羽那個氣，心想：「這個流氓，不安規矩出牌呀。」項羽貴族出身，焉知流氓的道道。若非他的叔叔項伯止住，他真就把劉邦的老爹給油炸了。

後來，劉邦用計，救出老爹和老婆孩子；再後來，登基做了皇帝。劉邦當上皇帝的第一個新年，在未央宮舉行國宴。酒過三巡，當著那麼多人的面，劉邦竟然譏諷他的老爹，說：「爹呀，從前吧，你老總說我是流氓無賴什麼的，不像哥哥，治產置業。爹以為，兒今天這家業置辦的，與哥哥比如何？究竟是誰的家業大呢？」劉邦如今是富有一國，他哥哥如何與他相比？劉邦如此質問，分明是臊他老爹哩。聽兒皇帝夾槍帶棒的話頭，老爹聽了，面紅耳赤，無話可說。

要說，劉邦待他老爹的態度，還算是客氣的，對大臣則完全沒有禮法。一個叫做周昌的人，是劉邦的沛縣老鄉，隨劉邦鬧革命，封汾陽侯，先後拜中尉、御史大夫。周昌為人倔強，敢於直言。一天，周昌入宮請示工作上的事，剛踏步內殿，便聽到裏面有男女在打情罵俏，甚至是淫聲蕩調。周昌凝神一瞧，遙見劉邦懷抱美人，正調情取樂。那美人不是別人，正是劉邦的寵妃戚氏。周昌見了，掉頭就走。然已晚矣，劉邦追至殿門外，大聲罵道：「周昌你個奴才，扭頭就跑，什麼意思？」

周昌止住腳步，回頭跪下行禮，劉邦一個快步上前，不由分說，便騎到周昌脖子上，俯首問道：「你個老奴才，見不得朕快活？朕的舉止，哪裏污你耳目了？嘿，你屁不放一個，撒腿就跑。這會兒，你倒是給朕說說，在你眼裏，朕究竟是怎樣的一個君主？」周昌仰面，瞪著劉邦道：「在臣下眼裏，陛下好比桀紂哩！」劉邦聽了，哈哈大笑：「你個老奴才，倒會罵人。罵便罵好了，朕不做那桀紂。」說著，從周昌脖子上下來。周昌遂將事奏畢，揚長而去。

通過上述幾件瑣碎小事，我們得以看到劉邦性格中，最為真實的一面。這一面，體現的是一種流氓精神。傳統社會，一說到流氓，比較狹義些。一般指強搶民女、調戲婦女之類。流氓的原意或廣義，首先是指沒有職業者，他們身上往往有那麼點騎士的味道。流氓者，無產也。這樣的人，信馬由繮，處事無羈。中國民間有句話，叫做「光腳的不怕穿鞋的」，流氓者、無產者，就是那光腳的，因為一無所有，便充滿了「豁出去」的性格。這種人做事不計後果，在落後的農業社會，往往能大行其道、大顯身手。本節所言的流氓精神，置於生產力低下的農業社會這個環境來說事。劉邦及其同僚，身上也正因為具備了這樣的流氓精神，才得以擁有天下。

劉邦做了皇帝後，征伐叛逆者，仍是親力親為。前一九五年，劉邦征伐淮南王黥布，凱旋途中，經過故鄉沛縣，順便回老家看了看。這不能看做是探親，因為劉邦登基做了皇帝後，劉氏一族，已是雞犬升天，皆被接到首都長安去了。劉邦這次回家，是嚴格意義上的榮歸故里，不過這個「歸」字，蜻蜓點水罷了。

項羽當年當上霸王，有人建議他在陝西那邊定都，他老兄罵罵咧咧，說：「人出息了，不衣錦還鄉，那還有個什麼意思？」於是就回老家去了，把西楚聯邦王國的國都，定在了徐州。結局是大家都知道了的，項羽之敗，當然不是定都在哪兒這麼簡單，但卻反映出一個人到底能幹多大事。劉邦的不同，襯托出項羽的局限。劉邦成功了，回家的感覺自然不同，他在老家大宴父老若干天，其中的一次筵席，他即興做詩一首，然後自我譜曲，自我演唱。皇帝畢竟是皇帝，他的原創文藝作品，很易傳世。這並不是他的作品有多好，而是因為他有個了不起的頭銜：皇帝。劉邦〈大風歌〉曰：

大風起兮雲飛揚。
威加海內兮歸故鄉。
安得猛士兮守四方！

三句詩，三個單元，誰跟誰都不聯姻。仔細再讀，發現「大風↓威加海內↓守四方」說的是一回事，而且是自我歌頌。劉邦把自己形容為大風，他一起，雲都跟著飛揚，你說這是多大的威風？能不「威加海內」嗎？大風起來幹什麼呀？守四方呀！好大的氣概。

本書初稿寫到這一節的時候（二〇一三年十月二十九日），碰巧讀到和沛縣有關的一條新聞，題曰〈曝江蘇沛縣政府大樓造價過億〉②：

新京報訊

建成於二〇一一年五月的沛縣政府辦公大樓，樓群前建有巨大人工湖和面積上萬平方米的「大風歌廣場」。人民網報導稱，大樓「外表壯觀，裏面裝修豪華，領導辦公室如同賓館」。若無事先預約，不能隨意進入大樓。

大樓四層組織部長吳某辦公室內除辦公桌外，還設有一張茶几、三張沙發和一張小型會議桌，地面均為木地板。此外，辦公室內還帶有一間約三十平方米的休息室，有雙人床、沙發、書櫃，全部面積超一百平方米。

此外，大樓內門牌標有「主席」字樣的辦公室面積約八十平方米，「主任」辦公室面積七十多平方米，裝修布置均與「部長辦公室」大致相同。普通工作人員辦公室也十分寬敞，面積約四十平方米。

我要說，這般歷史穿越，再智慧的人也想像不出。如果說劉邦的〈大風歌〉有氣概，那麼他的沛縣現代小老鄉們（縣官）所享受的，那叫一個氣派。之所以把這麼一條新聞引入，意在告訴讀者，劉邦所繼承與發揚的專制，兩千多年後，已超乎想像。

①披毛為衣的匈奴：匈奴人既無城郭，亦無宮室，每擇水草所在，作為居處；水涸草盡，便即他往。所推戴之酋長，也不過設帳為廬，披毛為衣，宰牲為食。匈奴人雖身材健壯，性格強悍，而禮義廉恥，卻全然不曉。畜牧之外，一味的跑馬射箭，搏獸牽禽。又往往趁中國邊境空虛無備，乘隙南下，大肆劫奪。中國人無可奈何，便只好辱罵匈奴人為「犬羊賤種」，以洩憤恨。

②原載《新京報》二〇一三年十月二十九日。

永遠的內部矛盾

清除異己

建國後，權力問題，令劉邦坐臥不安。秦始皇嬴政搞的是極權專制，天下大小事，都歸他一人說了算，到劉邦這兒改了。他很想如嬴政那樣專制，可漢室格局不容他那麼做。他的體制裏，不僅有王，而且是兩類不同性質的王，功臣裏的異姓王、劉家子弟王，外加一個郡縣制。一句話，有很多很多的人，分走了劉邦的權力。他還不完全是不願與人分享權力的那種人，與家人分享權力可以，與外人分享權力，就心有不甘，惶恐不安，生怕異姓王們，顛覆劉氏政權。因為怕，劉邦在建國之初，便開始有計劃的鏟除異姓王。這些人，可都是跟著他一起鬧革命的老哥們，這麼幹不是卸磨殺驢嗎？那當然是，你看看專制集團裏的領袖們，哪個不精於這卑鄙無恥的一手？那個制度就逼著他們那樣做，只有那樣，集權寶座上的人才會感到安全。

在劉邦體制內，異姓王有七位，先除掉誰呢？那一定是韓信了。前二〇一年，劉邦藉口韓信謀反，聽用陳平之計，把時為楚國國王的韓信抓了起來。韓信聽了對他的指控，大聲喊冤：「老話說得真不錯：『狡兔死，良狗烹；高鳥盡，良弓藏；敵國破，謀臣亡。』天下已經平定，我這樣的人也早就該烹殺了。」因無證據，劉邦便釋放了韓信，降其為淮陰侯。次年，劉邦在外平亂，呂雉皇后採用蕭何之計，將韓信誘騙入宮抓捕，斬於長樂宮鐘室。劉邦得呂雉密報，司馬遷的記載是「且喜且憐之」，班固的記載是「且喜且哀之」。

隨後，劉邦又將彭越、英布等異姓王殺掉。七個異姓王中，只有長沙王吳芮逃過一劫。如何這吳芮成了劉邦清除異己的漏網之魚呢？原因就在於，他是病死的。劉邦鏟除異己，梁國國王彭越，結局最為不堪，劉邦滅他三族不說，還將其做成人肉醬，分賜諸侯食之。打天下的英雄，落得這般結果，可悲可嘆也。

剪除韓信、陳豨、彭越、英布等異姓王，漢室政權，準確說劉邦一家的江山，得以階段性穩固。劉邦從做了皇帝，到最後病死，中間有八年時間，基本都用在了解決這些讓他不省心的問題上。

韓信要官

在劉邦所清除的異姓王中，韓信最為突出。韓信的故事，也算是家喻戶曉，什麼漂母贈食啦，什麼胯下之辱啦，都經典得不得了。這個淮陰人，少年喪父，家裏很窮，又不善農事，養成遊蕩度日的習慣。說得難聽些，就是要飯的角色。因為長年累月的混跡社會，染上很多流氓習氣。韓信身上很多東西，與劉邦相似。說是惺惺相惜，可韓信投在劉邦麾下後，並不被劉邦看好，而且是一直不被看好。韓信也是有志氣的人，覺得不被重用，便連夜跑了。蕭何拿他當個大角色，就月夜去追。韓信此前先投項梁，不為重用，韓信才改投劉邦。最終得以拜將，決心施展才華。韓信的戰績，有目共睹，不必細說。但他的性格弱點，卻不能不提。

韓信拿下陝西，又拿下山東，便有些飄飄然。也不知他是怎麼想的，坐地山東（齊地）後，就寫了封信，派人拿著去見劉邦，要求封他為齊國代理國王。韓信的底氣，就來自於他的一種認識，認為漢室江山，他韓信占一半功勞（彭越、英布占一半）。或許別的什麼人也有這種看法，說出來後，傳到韓信耳朵裏，他忍不住就會合計：「是啊，這漢室江山，咱老韓功占一半，弄個王幹幹，也是理所當然。」於是，無所顧忌的，派人前去劉邦那裏，伸手要爵位。用現在的話說，就是跑官、要官。

韓信在信中，多少有些保留和顧忌，說是暫且代理齊王，以便展開工作。儘管如此，劉邦仍然大怒：「我困守此地，日夜望他來助，他不助我倒也罷了，卻還想做什麼齊王！」劉邦「豈有此理」的話尚未出口，便被張良與陳平各暗踢一腳，示意他，此時萬萬不可得罪韓信。劉邦心領神會，遂改口大罵道：「大丈夫立功，做真王就是了，還代什麼理呀！」劉邦便遣張良齎印赴齊，立韓信為齊王。

這是什麼時候？天下尚未治平。劉邦記恨此嫌，找個機會，收了韓信齊國國王的印信，把他發到楚國，做那裏的國王。你也許說，都是國王的爵位，這是平調啊。是啊，以今為例，上海市長與重慶市長也是平級，如果把上海市長調到重慶市去，你認為是一種平調嗎？顯然不是。這不是職務之分，而是地理之別。同樣，白宮任命駐外大使，駐日本與駐阿富汗的，級別雖然一樣，人選上卻千差萬別，誰去日本為美國大使，那卻是美日關係的風向標，備受世人矚目。齊國與楚國，當時就存在這樣的差別。韓信被調到楚國任國王，於他而言，雖說是衣錦還鄉，可在劉邦那裏看來，卻是一種不待見。再後來，韓信步步走錯招兒，以致走向人生的終點，這也是他的性格缺點所決定的。

蕭何下獄

說韓信，就不能不說蕭何。與韓信比，蕭何的結局算是好的，至少他沒有像其他異姓王那樣被殺。但並這不等於說，他的仕途就一帆風順了。劉邦討伐英布時，蕭何在後方負責籌集軍糧，這些劉邦都是知道的，可他仍不斷的問往還京城與前線的使節：「丞相最近在忙什麼？」問得多了，引起使節的警覺，回京後，把這事說給蕭何聽。蕭何不以為意，倒是一位幕僚震恐道：「丞相不久便要滅族哩！」

說這話的人叫做召平，為故秦東陵侯。秦亡後，召平便在長安當起瓜農，種出的瓜，個個甘甜可口。召平地裏出產的瓜，因此聞名於世，人們便把他之前的爵位和瓜並聯，稱做東陵瓜。當年，蕭何跟隨劉邦進入關中後，聽說召平不僅會種瓜，還廣有賢名，於是招為幕僚。

當召平說丞相恐要滅族時，蕭何嚇得面無人色，竟一時失語。召平解釋道：「皇上屢問丞相在忙什麼，是怕丞相深得民心，若乘虛而變，據地稱尊，皇上不就回不來了嗎？丞相不察皇上之意，還要一心為民！皇上就怕為臣的跟他爭奪民心，功高震主、譽滿蓋主，這為臣的，就只有死路一條了。嚴重的，還要誅滅三族。」

蕭何嘴唇哆嗦道：「如何是好？」召平道：「倒也無妨，只要丞相由『一心為民』，改為『一心害民』，一字之易，便可得救。」蕭何不解道：「如何一字之易，得解危機？」召平道：「害民容易為民難。丞相可多買田地，並脅迫百姓賤賣。這樣，老百姓就會對你恨之入骨。這樣的消息傳到皇上耳朵裏，不僅丞相自安，就是三族，亦可保了。」蕭何依言而行，劉邦得知丞相在後方擾民、害民，心中快慰。待他凱旋，百姓遮道上書，狀告蕭何害民，劉邦的身影，被蕭何的卑瑣與貪婪，襯托得高大無比。

還有一事，也多虧了召平之言。除韓信那會兒，劉邦給蕭何的獎賞，就是封他千戶侯。朝中同事，紛紛向這位丞相道賀，獨召平一人前往哭喪：「我的丞相呀……」直哭得蕭何渾身起雞皮疙瘩：「召平君，你這是……」召平停止假哭，嚴肅道：「丞相就要死無葬身之地了！」蕭何驚問原因，召平道：「皇上連年出征，丞相卻安守京都；異姓王個個命喪黃泉，獨丞相安然無恙。不僅如此，今天還得封侯。丞相以為這是吉兆嗎？」蕭何恍然大悟：「君所言極是，該怎麼辦呢？」召平道：「丞相可婉拒爵位，同時將私家財產盡數取出，捐作軍需，方可免禍。」蕭何點首稱善，依計而行，果得劉邦歡心，褒獎有加。

然而，蕭何這個人似乎不怎麼長記性，過了數旬，他竟然上了一個觸怒劉邦的報告。那報告上說，長安的居民日漸增多（如前所述，劉邦遷全國名門望族十多萬戶入住關中地區，長安居首），田地不敷耕種，請將碩大荒蕪的皇家花園，給人民開墾，一可栽植菽粟，贍養窮氓，二可收取槁草，供給獸食。劉邦把報告往地下一擲，破口大罵道：「丞相蕭何，求媚人民，竟然把主意打到皇帝老子的頭上來，真是可恨之極！」遂把蕭何下獄。過了數日，經近臣開解，劉邦方赦免蕭何。蕭何自此徹底開悟專制政治的真諦：在上司面前裝孫子，定然無錯！

這使我想起另外兩件事，一是劉徹時，河間王進京朝見，其行為甚為仁義。劉徹見了，心想：「這傢伙怎麼處處比我莊重威嚴啊？」遂拉下臉來，對河間王說：「湯武當年鬧革命的時候，勢力範圍不過七十里；文王起事時的勢力範圍，也不過一百里。而你現在管的地方，比他們的幅員大多了。你好好幹吧。」劉徹的意思是，像你這樣優秀的人，將來有一天造起反來，一定可以推翻我，起碼將來我死了，你可以對付我兒子，取而代之，由你來做皇帝。河間王聽出劉徹的弦外之音，回到封地，假裝吊兒郎當，一天到晚酗酒，鶯歌燕舞，不幹正事。意在告訴劉徹的耳目：「我沒有政治野心。」

再就是宋朝時，司馬光接令晉京。老百姓聽說了，紛紛迎出城外。司馬光一見這陣勢，便嚇壞了，趕緊掉頭，又回去了。為什麼？他害怕趙家皇帝吃他的醋。假如趙家皇帝說：「你們快看看，司馬光多麼受人民愛戴呀。算了，這個皇帝我不當了，老百姓喜歡誰，誰就來當吧。」皇帝若說出這樣的話，當大臣的還能有命嗎？所以，司馬光不敢接受人民的擁戴，寧肯抗旨不尊，也要折回頭去。同時，向老百姓傳遞出這樣一個明確的信息：「人民呀，你們不能愛戴大臣，而應該愛皇帝，永永遠遠愛戴皇帝一個人。」而趙家皇帝知道了這事，不僅不怪司馬光抗旨不尊，且會增加對他的推崇與信任。說不準某個機會，趙家皇帝會對臣下發表類似見解：「你們各位大臣都跟司馬光學著點，他絕不跟皇上爭奪百姓。什麼叫忠臣？司馬光就是。」或不致如此露骨，起碼是這個意思。

專制政權的一把手，為什麼明著反腐、暗著又縱容貪腐，原因就在這裏。只有手下的官員皆貪腐無能，皆欺壓百姓，皆身敗名裂，他當一把手的，才顯得正義、正確、偉大，百姓才擁護他。專制集團內幾無清官，源於此。

一闊臉就變

劉邦掃除權力威脅，便命丞相蕭何制定漢朝法律。我們都記得，劉邦初入關中時，他廢除秦朝暴政，約法三章，深得當地百姓擁護。咱們說，那是他為了得到江山，得到人民的擁護，那麼做，完全為了自己。等到他的江山一坐穩，劉邦就不是原來的那個劉邦了。歷史上有很多這樣的革命者，打著人民的旗號，鏟除暴政；等到他做了皇帝，他所實行的政策，比暴政還暴政。劉邦就這樣，他剛坐穩天下，就叫蕭何抄襲秦法，作漢律九章，把沉重的枷鎖，趕快套在人民頭上。古今的皇帝，鬧革命的時候，說的是一套，騙人上他的賊船，跟著他拋頭顱，灑熱血，人民擁護他；等這革命家坐了江山，臉一變，就成了人民的死對頭。他以前罵皇帝壞，可是他做了皇帝，比原先的那個皇帝還壞。這叫：一闊臉就變！

劉邦的法律體系，非常的寬泛：死刑六百一十條；雜刑一千六百九十八條；贖罪兩千六百八十一條。叔孫宣、郭令卿、馬融、鄭玄等十多個吃皇糧的法學家，負責司法解釋，每人寫了幾十萬字，從而又繁衍出兩萬六千二百七十二條法律條款，七百多萬字。一部漢律，七百多萬字，不要說看，一氣搬完，都要累個半死。執法者當然也不會去看，條文無限，執法者怎麼運用都可以。中國的法律，自古至今，皆如橡皮筋，彈性很大，怎麼執法，怎麼解釋，完全看符不符合皇家利益，其次就是上司利益和官本位。總之，符合執政集團的根本利益，便是法律的唯一的標準。這樣的法律，人民舉手投足，都有入獄甚至被殺頭的危險。這便是暴政，嬴政如此，劉邦如此，其後的新老專制領袖，無不如此。這並非哪個領袖個人不好，而是專制政體就造就這樣的政治流氓。同一個政客，放在民主政體下，他就是謙謙君子，放在專制政體下，他就是凶神惡煞。一句話，環境造化人。

當然了，個人因素也至關重要。美國首任總統華盛頓，有機會把總統寶座坐穿，但他只做了兩屆總統，便解甲歸田；南非總統曼德拉，更有機會把總統寶座坐穿，但他只做了一屆總統，便回歸平民生活。華盛頓與曼德拉，帶給他們各自國家的是民主政體，而贏政與劉邦帶給後人的則是「百代皆行秦政制」。你也許會說，贏政與劉邦是兩千多年前的人，他們具有歷史的局限性；那麼，與華盛頓、曼德拉同時代的中國政治家，難道也有歷史的局限性嗎？為什麼現代中國人，仍然生活在單一的政治格局裏？這個話題沉重得足以令人窒息，就此打住。

第二章　一不留神做了皇帝

第三章
摸著石頭過河

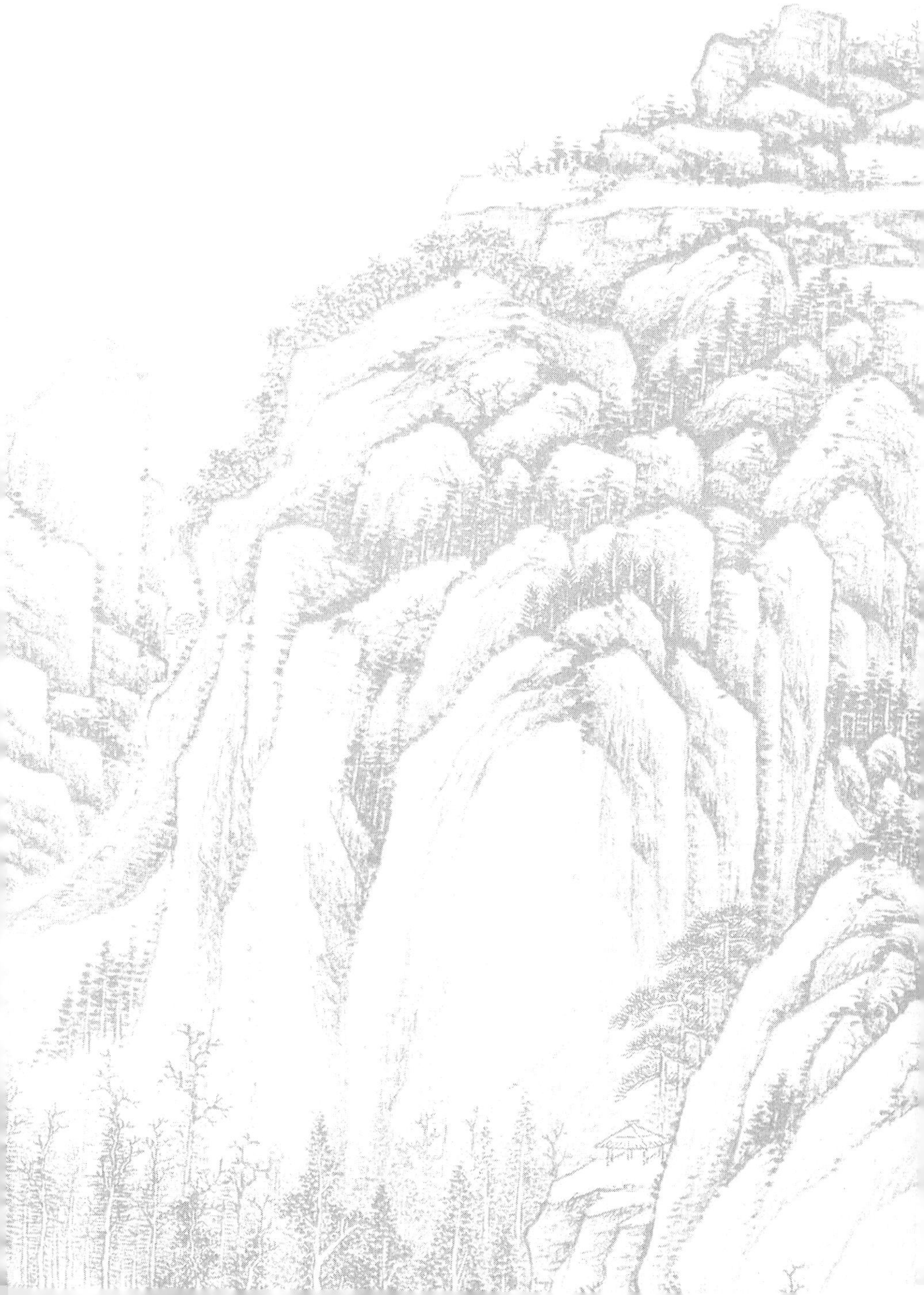

世上本無漢人

寫本書前，我思考最多的是漢人自哪裏來？得出的結論，竟然是：世上本無漢人。這一觀點也許會觸犯眾怒，但我還是想說說我的私見。查中國歷史，追溯至嬴秦及其之前，並無漢人、漢族一說。漢朝之前的中國（以姬氏的周王朝為參照值），稱「有夏」、「華夏」或「諸夏」；民族則以「華」自稱，凡與華族有同源關係的血親部族，則自稱「華冑」。而與「漢」字有關，則始於陝西的漢中。劉邦追隨項梁起事，顛覆嬴秦中央政權，被項羽封為漢中王，此「漢」方才走入王的視野，進而作為行政中心被廣泛使用。從此，人們提起劉邦，書寫劉邦，言及他的軍隊，便漢中王、漢王、漢軍地使用起來。世界上有很多不知名的小地方，因為發生令世人矚目的事件，而名揚天下。漢中就屬於這種小地方，原本是項羽懲罰劉邦、擠兌劉邦，才一腳把他踢到這裏，劉邦老大不快，跟著劉邦西下漢中的很多山東子弟兵更為不快。無奈，造化弄人，他們還是硬著頭皮，去了漢中。

之前的漢中人，也不知道自己為何種人，既然項羽派來一個人物，來當他們的王，他們也沒有樂意不樂意的。再說，自古以來的中國，誰為帝王將相，老百姓從無選擇權，只能任其發展。漢中原住民哪裏知道，中國的歷史正在他們這個不起眼的小地方悄然改變，先是漢中王、漢王、漢軍之類的字眼充盈耳膜，慢慢的也不知打誰開始，或自稱或被稱漢民、漢人。這已不是漢中的那個漢，而是漢中王的那個漢了。說得白一點，就是漢中王劉邦的子民，簡稱漢民。

從前的中國字怎麼叫也沒人知道，因為現在有了漢中王、漢王、漢軍、漢民、漢人做參考，那字乾脆就叫漢字吧，說的話就叫漢語、漢話吧。也不知誰這麼聰明，這麼一來，與「漢」有關的，就形成一個行政與文化交融的系統，漢——既是行政的中心，也是文化的中心，從此，與「漢」有關的人和事，既有行政歸依，還有文化的歸依，人走到哪裏去，不再失去身分，也不再缺乏歸依感。世上本無漢人，項羽一腳踢出個文化系統、踢出中國最大的一個民族支系。這結果，實在是令人驚異之極。

說到這裏，我們做一種假設，假設劉邦以登基之地為他的王都，那世上恐怕就永遠沒有漢民族一說了。劉邦在哪兒登基呢？在前面的章節我們已經說過，他登基於山東定陶。我們再做一種假設，假設劉邦定都定陶，且毫無懸念延續他的王朝四百年，行政與文化方面，很可能形成這樣的局面：定王、定軍、定民、定族、定語、定話、定字。總之，一切都得定來定去的，一切取決於你這個初肇的政治、經濟、文化、軍事中心駐紮在哪裏。因為劉邦一族的社稷延續得足夠久遠，影響甚巨，他開創的文化、開創的民族，才成為中國歷史的唯一。與其成為唯一，漢人、漢族等字詞才被定格，成為炎黃子孫共同的文化符號。也因此，西方有了漢學家，他們研究世界上這個人口龐大的種族，試圖找到他們在人類歷史長河中長途跋涉數千年而不衰的密碼。我作為漢人一份子，亦有這樣的興趣，是以寫作此書。也許方向不是讀者想要的那樣，比如稱頌族始之類；則我的努力方向，著眼於批判。這樣做，也無非希望自己的民族更好。

基於上述認識，我認為漢民族之稱，乃地緣之作、隨緣之作。

漢室生活

無論處於何種淵源而有了漢民族，既然它已經成為中國千年史的一部分，成為一個龐大種群的文化認同，那麼也就無須再去刨根問底它是怎麼來的，而應把注意力放在這個民族的走向與發展上去。不幸的是，族群史往往就是帝王將相們的歷史，比如我們要想深入瞭解兩千多年前的漢人生活，就必須從漢朝皇室（以下簡稱「漢室」）說起。

以網路時代的閱讀習慣，說清中國古代的事，似乎不那麼容易。就字義而言，尤其如此。比如說漢朝時的「尚」字，今天的讀者，所瞭解它的，無外乎高尚、時尚。可問題也來了，今天你若說誰高尚，等同罵人；說誰時尚，等同罵人土老帽。今天讚美男女用什麼詞？男曰帥哥，女曰美女。總之，與「尚」無關。

古人用「尚」字，主要用在生活方面，當然也不是普通百姓可以用的，以漢室為例，負責皇帝起居生活的，有六個部門，叫做：尚衣、尚食、尚冠、尚席、尚浴、尚書。尚即掌管之意。這樣的設置，你說普通百姓家，是可以用的嗎？沒聽說誰家的衣食住行，還有分門別類來管理的，通常是主內的婦女，一概尚之。

我們都知道，漢室劉氏剛剛建立政權的時候，一切都不規範。相關話題，本書多有涉及，這裏只說生活方面。比如說劉邦要舉行宴會，同宗圍桌共席，那叫家宴；與臣圍席共飲，還是在劉邦的家裏，你說這是家宴呢？還是國宴呢？也實在分不出來。劉邦的出身咱們都是清楚的，無需嘮叨，總之一家村野之風，無甚規矩。所以，杯觥交錯的時候，也就談不上內外與家國之別。這實際還是化家為國的意思。初肇嘛，什麼都不懂，摸著石頭過河唄。摸著摸著，劉邦就在河裏摸到叔孫通這塊石頭。

叔孫通是位儒家學者，劉邦就討厭這類人，罵最難聽的不說，還把儒生的帽子拿過來，往裏撒尿。這又涉及劉邦的出身，流氓起家的多了，二十世紀初上海的杜月笙也流氓出身，可人家卻對儒家學者優禮有加①，劉邦何以對知識分子那麼恨之入骨呢？你不就流氓出身嗎？與知識分子不同道，也用不著專以侮辱儒生為樂呀。那麼，劉邦又是如何摸到叔孫通這塊硌腳石頭的呢？還是宴會得來的啟示，一塊鬧革命的流氓聚餐，大家喝高了，淫聲蕩調不說，還舞劍助興。這情景猶如鴻門宴再現，劉邦就有些後怕，他決定改變這種局面。而能夠完成這一使命的，非儒家學者不能為之。於是鎖定叔孫通，讓他出出主意。

叔孫通說：「陛下，你什麼也別說，我全看出來了，你們這幫哥們，個個像荒原野草，做人行事，無拘無束。一句話，全不是省油的燈。這樣下去，陛下的江山，就要毀於一旦了。沒有規矩，不成方圓。這麼吧，我訂立一個規範給他們，必定讓他們在陛下面前，如奴如僕，保漢室江山無恙。」劉邦聽了，哈哈大笑，心想：「叔孫通，你可真是咱皇帝老子肚裏的蛔蟲呀，這點小心思都給你看破了。」遂命令說：「叔孫通啊，那你就好好幹吧，果真把這幫哥們的野性給滅了，朕重重有賞。」

有了用武之地，叔孫通喜得手舞足蹈，遂帶領他的眾多學生，加班加點，為劉邦趕制了一套朝儀。叔孫通交工時，劉邦也不知是好是壞，淡淡道：「是騾子是馬，那就拉出來遛遛吧。」叔孫通一通拜舞，匍匐在劉邦面前：「請陛下檢視。」叔孫通那套酸不溜丟的拜舞，讓劉邦看花了眼，心想：「這什麼呀？裝神弄鬼的樣子。」因大惑不解，遂問道：「叔孫通，你搞什麼鬼？搔首弄姿舞長袖，完了，又趴在朕面前，頭也不抬，朕如何與你說話？」叔孫通道：「陛下，從今往後，不但小臣匍匐在陛下腳下，就是與你一同打江山的那幫哥們，也必須一一匍匐在陛下腳下。這就是小臣所制朝儀的一部分。陛下請。」劉邦大悅：「是嗎？那就請。」

叔孫通打制朝儀的相關細節，已在前著《歷史的點與線》中提及，此不再贅。總之，一切就從一場國宴開始，劉邦坐在豪華馬車裏，向宴會大廳徐徐駛去。這一路上，三步一崗，五步一哨，衛兵森嚴壁壘；快到宴會大廳時，文武百官匍匐在地，鴉雀無聲。司儀引領劉邦上座，叔孫通高喊一聲：「賜宴！」百官齊聲高呼：「謝陛下！祝頌吾皇萬歲萬歲萬萬歲！」劉邦按照叔孫通事先的囑咐，說了句：「諸位愛卿平身。」文武百官這才起身，被司儀引入席間，各就各位。

怎麼舞，怎麼入，怎麼坐，怎麼吃，怎麼喝，怎麼說，怎麼笑，怎麼散，全都有規矩管著。這陣勢，當時就把個劉邦樂壞了，心想：「哇塞，敢情這做皇帝，如此威風！」不由得暗自佩服叔孫通。事後，劉邦獎給叔孫通黃金若干。從此，劉邦不再排斥儒家學者。畢竟，人家保了他的江山嘛。流氓眼裏只有這個。秦始皇嬴政認為儒家學者毀他的江山，這才耍起流氓性子，來了個焚書坑儒。專制社會的知識分子是什麼？

給元首給上司給專制集團做狗，你就有殘羹剩飯吃、有骨頭啃，反之就只有被踏、被獄、被坑、被焚的份兒。一句話，專制社會的知識分子，無論做人做狗，都沒有尊嚴可言。

叔孫通訂立的禮儀規範，便是漢室典章制度的雛形。負責皇帝生活的那六個部門，也開始有了些微變化。換句話說，這六部領導人原初皆屬漢室家臣，叔孫通之後，其中的尚書，由皇帝的祕書處，沿革為內閣之一。我們讀中國歷史，每及朝廷，所見最多的一個詞彙，那就是「尚書」。先前給皇帝管文書的，後來轉變職能，成為帝國總理（丞相、宰相）下轄的一個部門，相當於今天的辦公廳之類。再進一步沿革，歷朝歷代的內閣之文臣，多冠以尚書之銜，諸如禮部尚書、戶部尚書等等。內閣差不多成為皇帝擴大版的辦公廳。

①杜月笙一生，始終敬重書生，優待文人。他禮敬文人，交友為重，基本上不求回報。楊度在杜府頂著記室（祕書）的名義，光拿錢，不幹活。非但不幹活，杜月笙還替他搜集各地的州府縣誌，助他寫作《中國通史》。對各路文人，他能幫的都幫。對開口相罵的文化人，他一笑置之。他死後幾十年裏，和他有過交往的寫字人，幾乎沒有一個對他口出惡言。他的故事開花散葉，成為一個傳奇，也許就緣於他禮賢敬士的風度（《讀者》二〇一四年第五期，小寶／文）。

前面我們有過劉邦「摸著石頭過河」之類的話，那實在不過帶有調侃的語氣。就制度而言，劉邦撿了秦始皇嬴政的便宜。換言之，是秦始皇創立了寶塔式組織結構（如圖所示），劉邦不過照搬，享用現成罷了。

嬴政靠殘暴，輕而易舉創立新制，但在周王朝來說，那卻是他們心中永遠的痛。而這痛，伴隨著周王朝的滅亡，漸漸消散。周王朝究竟因何會有種歷史性創痛呢？那就是他們的領導者曾對天發誓，說將分封制進行到底，誓曰：「即使黃河變成一條小帶子似的水流，泰山變成小磨刀石，封國也要永遠存在下去，子子孫孫，永永遠遠，繼承封爵。」如此狠誓，在嬴政面前，猶如螳臂擋車，留下永遠的政治笑話。以現代的觀點去觀察，這結局倒不是周王朝的悲哀，而是嬴政的罪孽。

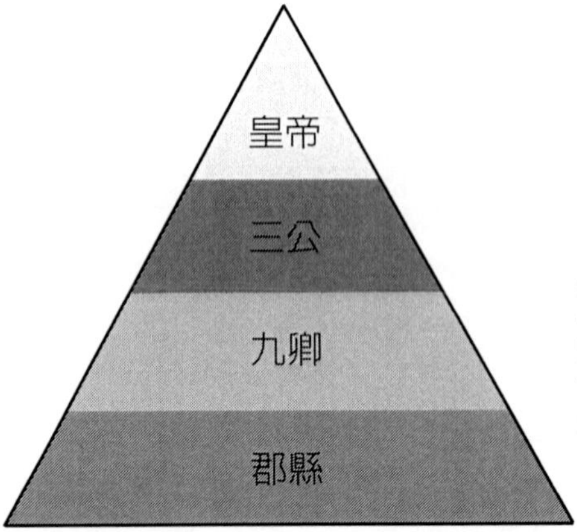

秦始皇建立百官體制，設「三公」，分別為丞相（掌國政）、太尉（掌軍事）、御史大夫（掌監察）；三公下設「九卿」掌管宮廷事務，並推行郡縣制，設郡守掌管地方。

秦朝取代周王朝後，嬴政開始考慮走什麼路的問題。嬴政以為戰亂起於分封，於是摸著石頭過河，摸出個史所未載的專制，即郡縣制①。可是，他萬萬沒有想到，他弄的這個玩意，只在世上走了十六年，就玩完了。可見摸著石頭過河，有害無益。怎麼過河才最好呢？這常識簡單得連小學生都懂，在河上架橋而過（也就是制度透明化），不就安全多了嗎？為什麼總要摸著石頭過河呢？水下什麼也看不見，無論你有怎樣的技巧，總會崴腳，乃至失足，不可收拾。架橋就不同，那條過河的路是透明的，橋的狀況，基本一目了然。你領路人走過去安全，後面跟著的人也安全。然而，專制主義者總怕百姓看到他的一舉一動，不肯架橋而過。更不可思議的是，橋就在身邊，他們竟然視而不見，非得下河，摸著石頭過，一副視死如歸的架勢。這看上去是多麼的滑稽與呆笨，而實際上，專制主義者比誰都明白「摸著石頭過河」的重要性；因為摸著石頭過河，是暗箱操作的必由之路。由此，我們才得以理會，秦始皇所崇尚的顏色為什麼是黑色，那不正是暗箱的顏色嗎？

周朝為封建制，王國實行權力共享。因此說，周朝是一個多元政體、多元社會，允許有不同的思想，更允許「此處不留人，自有留人處」的多元生活方式。嬴政正相反，他所建立的是單一政權，他不允許別人分享他的權力，帝國大事小情，他一人說了算。這就是皇帝：獨裁！中國學者罵皇帝、罵軍閥，常常用到一個詞，即「獨夫民賊」，就指這個。

獨夫民賊掌理中國，兩千多年而不衰。晚清時，西方對中國的強烈衝擊與瓜分，使中國實際處於一個多元化的社會狀態，列強、皇帝、軍閥、政客、舊傳統、新思想等等，不一而足。對中國人而言，雖說那是一個屈辱的時代，但也是一個習學多元張揚個性的時代。那個時代，中國人才輩出，就得益於權力分散、思想多元。人才輩出的時代，從清末，一直延續到蔣介石敗退大陸。毛澤東取得大陸執政權後，將一個多元化的中國社會，扭回到秦政制的軌道。有人對此提出批評，毛澤東也直言不諱，說：「有人罵我們是獨裁統治，是秦始皇，我們一概承認，合乎實際。」②雖有負氣之嫌，可毛氏政制，確也勝過嬴秦政制。

有的學者認為，漢朝是一個鬆散式聯邦國家，這是不準確的。聯邦要更多些分封的特點。我們知道，漢朝並不具備這樣的特點。漢初封王，異姓封了幾位，劉姓封了若干。異姓王讓劉邦寢食難安，所以，他封了人家王爵，又一個個把人家搞掉，殺的殺，逃的逃。到了劉啟皇帝，他們本家的王也鬧起來了，結果也全是個死。劉徹皇帝那會兒，漢朝的王基本就銷聲匿跡，只剩下郡縣了。因此說，四百年漢朝，是一個不折不扣的專制國家。所謂聯邦式，不過劉邦的一個權宜之計，等搞掉功高震主的老革命家，再無人危及劉氏政權，他也就一抹臉，便獨夫民賊起來，不再與人分享權力。

獨夫民賊至尊，才真正實現郡縣制，進而也就達到一人專制、一家專制、一黨專制那樣的政治效果。帝國元首是高皇帝、大皇帝，各郡縣一把手就是土皇帝、小皇帝，他們在各自的權限範圍內，魚肉百姓說一不二，強奸民意說一不二，徵糧徵稅說一不二，強買強賣說一不二，強拆強建說一不二，強搶民女說一不二……總之，壞事做絕、惡事幹盡，也幾乎是在安全系數範圍內。在專制體制下，做官是唯一最好的職業。因為，除了上司，沒有人可以制約他。而收買好上司，那是何等簡單的一件事。刮了地皮賄上司，不掏自己一分錢，事還辦了，天底下還有這等無本萬利的買賣嗎？有，那就是在專制社會。

因為專制無限惠及統治集團，他們才千方百計的保住這個體制，並且告訴他治下的人民，說：「咱中國呀，曾經走過很多路，可是走來走去呢？我們發現還是現在這條道好。」可是這些領路人的話，不免自相矛盾，又說：「眼下這條道呀，好是好，可也並非盡善盡美。所以，我們要在現有體制框架下改一改。怎麼改呢？摸著石頭過河唄。」結果，自秦始皇那會兒起，一摸就是兩千多年，一改就是兩千多年。摸來摸去，改來改去，骨子裏該是什麼，還是什麼。

我百思不得其解的是，兩千多年來，中國人修建的橋（人文之橋、精神之橋、文明之橋）不知凡幾，可領路人為什麼就是不帶著人民上岸、走橋呢？一個龐大的統治集團，帶著人民在渾濁的政治河流裏跋涉兩千多年而不上岸，為什麼呀？那是因為，專制集團早在秦始皇那會兒就鐵定了心，要走郡縣制，且代代相傳。畢竟皇帝、土皇帝們說一不二的執政模式，太吸引人了。至於說要「摸著石頭過河」，無非給人民以幻想，使人民死心塌地的接受統治集團的愚弄，說：「你等草民蟻民，耐著性子跟朕走，等朕在河裏摸出一條幸福大道來，便帶著你等上岸走橋，過你們想過的日子去。可眼下不行，因為我們在河裏已走了兩千多年，當下已進入深水區，石頭越來越難以摸到，可我們不畏艱險，相信一定能為全國人民摸出一條康莊大道來。」

可我們不僅要問，岸就在身邊呀，橋就在身邊呀，為什麼還要冒險跑到深水區裏，去尋什麼新路呢？我們當然知道專制主義者嘴裏的「摸著石頭過河」是怎麼回事，有了這個託詞，他們才確立起一心為民的政治形象；而有了這個政治形象做煙霧彈，他們就可以繼續走在他們真正想走的郡縣制路上。這條路，於專制集團是天堂，於平民百姓是地獄。郡縣制這條路，誰想走，誰不想走，一言即明。

每言及郡縣制的壞處、專制的壞處，我就收不住筆。這方面要寫的、要說的，實在太多。而做學術，只能點到為止，不能喋喋不休。是以打住。

①關於郡縣制，秦有三十六郡說、四十一郡說；則漢郡百餘，每郡轄十至二十個縣。郡與縣的行政首長，由皇帝親自任命，並隨時調動，防止坐大地方勢力，與中央抗衡。郡的多少與大小，無足輕重，重要的是，我們必須對郡縣制持批判的態度，畢竟這一制度對中國人的侵害長達兩千多年，至今它陰魂不散，令中國人寢食不安。郡縣制的恐怖之處就在於，永遠有一個至高無上、不可置疑也不能質疑的統治集團騎在人民頭上，他們吃著人民的肉，喝著人民的血，卻不思回報，反而任意戕害人民，說拆人民的房屋，就拆人民的房屋，說要人民的命，就要人民的命。人民稍有反抗，統治者必動用一切可以動用的武力和流氓手段，將本就可憐的人民置於死地。

②《隨筆》二〇〇一年第六期。

石級幹部

因為出身平凡，我從來不知道幹部級別為何物。直到入伍服役，才接觸到「級別」這類專屬詞彙。機關有位李氏助理員，軼事頗多，其一就是相親，他見到女孩就說：「國家二十四級幹部，幹不幹？不幹算了。」如此不著邊際的一句莽撞話，嚇壞了那女孩。自然，人家不幹，相親告吹。由此，我知道了國家幹部分二十四級，那位李助理為最低一級的幹部。他月薪幾何？以一九八〇年代論，他的月薪大約為人民幣二十五元左右。二十四級幹部，聽起來數字很大，也很唬人，實際就是一個少尉，小小排長而已。李助理去相親，倘然開口就說我是排長，那多沒底氣。要說「國家二十四級幹部」，就比較霸氣。

漢朝幹部級別的區分，相對簡單，三公九卿①及郡守屬於一個級別，縣級幹部屬於一個級別。我這裏所說就是一個大概，不等於漢朝的幹部只分兩級。具體說來，三公就是丞相、太尉和御史大夫，他們分管行政、軍事和監察；九卿即九部的行政首長，與各郡（略相當於省）行政首長，在薪俸待遇上，同為二千石。縣首長（萬戶以上大縣稱縣令，不滿萬戶稱縣長），根據縣的大小和不同，約在九百石左右。因為無足輕重，史書對他們的職務待遇，多不以石相論。

石是什麼？就是古時的一種計量單位；那時做官，以給多少石穀物，來區分級別。三公九卿（含郡守），皆享受二千石的薪俸待遇。所以，人們在提到這些幹部的時候，就會說誰誰是二千石，聽的人自然也就明白了：「哦，這是個大官。」

三公因為更接近皇帝，在理論上，比九卿和郡守要大，我把他們比作大二千石；九卿比郡守更接近三公，理論上，他們比郡守的政治地位略高些，我把他們比作中二千石；郡守則是小二千石。這是薪俸方面體現出來的等級差別。

在工作關係方面，顯得更加複雜，這又涉及到另一類官員，官名中凡是帶有「中」字的，為駐守宮中的官員。皇室的一切，由御史中丞負責，因此他們比丞相更接近皇帝。御史大夫之下，這便又有了御史中丞。他們之間的領導與被領導關係是：丞相↓御史大夫↓御史中丞。

這本也正常，麻煩就出在皇帝的指令上，他本應指示丞相，你該如何如何，但皇室制度正好反著，皇帝有事了，他去通知御史中丞，就形成一個行政倒走關係：御史中丞↓御史大夫↓丞相。等丞相把事辦好了，他不是直接向皇帝負責，而是按照行政倒裝關係，依舊把報告呈給御史大夫，形成：丞相↓御史大夫↓御史中丞↓皇帝。

這就是權力的微妙之處，中國的官場，從不乏此術，也因此才有不絕於史書的家人亂政、宦官亂政。這也說明，皇帝寧信家人、身邊人，也不信制度。誰是帝國制度的齒輪？當然是執行制度的內閣。然而，內閣被皇帝信任的程度，從來就次於皇室。所以，我早就有句話評論丞相，說他是皇帝的一隻沒有意義的狗。

丞相是如何沒有意義的呢？但看其由來，全明白了。丞相由宰演變而來，他是皇帝的私人管家，同時也是帝國行政總理。太尉的角色亦然，由看家護院的首領演變而來，他的主子如今當了國家領導人，他自然也就肩負起國家軍隊首領之責。這種隨意而無序的組織關係，仍流行於今天的官場中。以某市為例，市委書記（行政區一把手）的兩任司機，一個是辦公廳主任，一個是辦公室主任。就連市委書記家的保姆，也在市婦聯任職。市委書記的司機與保姆尚且升天，其直系親屬，就更別說了。郡縣制是化家為國，個人專制則是化國為家。無論是化誰為誰，在中國的政治體系裏，往往是家中有國，國中有家，相互交織，難分彼此。這種模糊不清的公私關係，成為中國官場的一大特色。

回到漢朝的組織話題上來。說到御史大夫，就比較複雜些，他是丞相助理，因為沒有副丞，御史大夫便具有副丞相之意。傳統組織習慣，只有做過御史大夫的，才有資格升任丞相，猶如現在的副總理有資格升任總理、副省長有資格升任省長。這都是專制意義下的傳統習慣，逐級提拔。現代民主則不然，它是積極意義上的「一朝君子一朝臣」。

現代民主社會，一個人當了總統或首相，其內閣成員，多為與他相得但須清白能幹的人，政權更迭時，內閣與總統或首相共退。這裏少有逐級提拔，也許你正在大學裏給同學們上課，突然就有總統班底的人找到你，說請你出來當某一部的部長。有的人，三番五次請不出來，有的人為施展抱負或處於幫忙，出來做那部長。於是乎，昨天的教書匠，一夜之間就做了政府的部長。他也許幹了沒多久，不等總統或首相什麼的換屆走人，他先就掛冠而去。原因很多，總之他走了，回學校教書去了。堅持到政權更迭的人，最多也不過幹滿兩屆，大約為八年。任期結束，各位部長便處於失業狀態，有的回家休整，有的則四處應聘找工作。有的國家，連總統首相下野，都得自己去尋找新的工作崗位，就不要說各位部長們了。做帝國的三公九卿就沒有這樣的煩惱，要麼逐級提拔，要麼享受奢華的退休待遇。當然，死於政治鬥爭的三公九卿除外。

接下來再說說九卿與郡守。九卿與郡守為平級，如同今天部長與省長的關係。九卿到地方做郡守、部長到地方做省長，郡守到中央做九卿、省長到中央做部長，皆屬平調。但其中仍有微妙的差異，級別雖同，但在中央做部級官員，與在地方做部級官員，還是不同的，就不同在中央為上行，地方為下行。表現在「二千石」上，九卿為「中二千石」，郡守則為「小二千石」。

我們說「六尚」中，只有尚食部在歷史的沿革中，變為內閣的一部分；其實這說法也有些勉強，你再看看內閣中的那九卿，實際也只有大司農具有公共性，其他八位部長，都仍然為皇家私物，其中九卿之首的太常，最具皇家私有性質。這個職務，負責皇室祭祀祖先鬼神。這下全明白了，皇室第一要務不是民生，而是他們的祖先和鬼神。

①三公九卿，周朝以司馬、司徒、司空為三公，或以太師、太傅、太保為三公；漢朝以丞相、御史大夫、太尉為三公。九卿分別是：太常（祭祀部長）、光祿動（皇室門房部長）、衛尉（皇宮禁衛軍司令）、太僕（交通部長）、廷尉（司法部長）、大鴻臚（禮賓部長）、宗正（宗族事務部長）、大司農（財政部長）、少府（皇家財政部長）。

一字害慘中國人

在臺灣和日本，有一種文化習俗，每年的年底，都要選出一個漢字。這個字未必是人人心目中的那一個，但卻是大多數人心目中的那一個。選這個字什麼意思呢？我未予深究，大意是說，這個字，能概括一地人對過去一年的感受。已經忘記是臺灣還是日本，有一年他們選出的漢字，大約為一個「亂」字。那實在是一種文化表達方式，中國大陸不能有這種紳士表達，是因為在這塊土地上，依舊實行郡縣制。

本節小題顯而易見，那麼是哪個字害慘中國人呢？就是行文中剛剛提到的那個「郡」字。這個字在嬴政之前，以何種方式進入中國人的視野，未詳，它成為一個不得了的字，當然要歸功於嬴政，是中國人的這位始皇大帝，讓「郡」字進入行政系統，從此「百代皆行秦政制」。這麼說似乎有些唐突，我們不妨從頭說起。

秦始皇嬴政統一中國後，打破周王朝的封建制，建立了一種全新的政治制度，即郡縣制。我們要知道，周王朝的封建制在中國已經行走了八百多年。不可否認，封建制的確存在問題。話又說回來，古老的制度能走八百多年，已然為歷史奇蹟。我們說封建制的完結是必然可以，說強人葬送也可以。為什麼這麼說呢？原因就在於，假如統一中國的這個人不是嬴政，而是另一性格的政治強人，也許中國的歷史是另一副樣子。這個假設不是空穴來風，因為在嬴政的背影裏，崛起過一位蓋世英雄，他就是項羽。此主本身，不具嬴政獨攬一切的性格；更主要的是，沒有一位韓非子似的人物，影響項羽的政治方向。這也就意味著，強權人物是什麼樣的性格，決定他帶領一國人民走什麼樣的路。嬴政身上流淌著秦地人的血，那血液裏充滿了「掃蕩一切」的基因。他原本性格如此，又有韓非子理論（即「君主中心」論，核心內容是，「君主有權無限縱欲」）的支持，更有李斯對專制主義的推波助瀾，他不滅封建郡都辦不到。

嬴政創立的郡縣制，是怎樣的一種制度呢？還的從周王朝的封建制說起，沒有對比，就沒有認識。給人的感覺，中國人彷彿都是「封建通」，但凡與保守有關的事物，人人都會劈頭蓋臉來一句：「你這人怎麼這麼封建呢！」毛澤東時代，連基本的信仰，如祭祖燒香，磕頭拜天，也一律被視為「封建」。相關批判性語言，占據了我們生活的方方面面，「封建」已然成為頑固不化的代名詞。這實在是風馬牛不相及。鑑於我對「封建」一詞多有闡述，並見諸我此前的多本著作，這裏就不展開說了。大其要，封建是周王朝的一種制度，就是在王國內實行分封制，王室的姬姓爺們，每人分一塊土地，到那裏為王。這叫封建制。嬴政創立的新制度正相反，嬴姓爺們手無寸地，全國實行大一統管理。這叫郡縣制。

封建制與郡縣制在行政上的區別是，前者是分權制，後者是集權制。集權制的特點是，全國一盤棋，中央一把抓。一句話，在帝國龐大的地盤上，皇帝一手遮天，乃至一個小小的縣令，都由他老人家親自任免。就是到今天，在單位系統的文件中，仍然充滿集權的字眼，如涉及領導分工，一把手的名字後面，百分之百後綴以這樣的剛性文字：抓全盤、一支筆。

「抓全盤」好理解，就是沒有一把手不管的事（歷朝歷代的皇帝就這樣呀）；「一支筆」也許讓人感到有些生澀，那意思是，只有一把手才擁有財務簽字權。這一把手就好生了得，他什麼都管，且掌握全權財政大權。郡縣制賦予一把手如此大的權力，這個人就是不想腐化墮落都不成。說得難聽點，郡縣制對一把手的縱容，直接就是逼良為娼！

秦始皇是全國人民的皇帝，他抓全國這盤棋；各地各單位的一把手是土皇帝，他們抓一郡一縣一鄉一單位一部門的全盤。一句話，只要是抓全盤的主兒（或握有財權的副手），他在他那一畝三分地上，就是活閻王，沒有他不敢幹的，也沒有他不敢要流氓的。為什麼？郡縣制——集權制度就那麼規定的，一把手有權對治下的人民和員工要流氓而無需被究舉；倘有怨言，輕則一腳踢出局，重則家破人亡。這就是我所說的一字害慘中國人，一個「郡」字，自嬴政始，把中國人打入萬劫不復的境地，用屈辱與悲慘，不足以概括其全貌。

說不通的理論

當我準備製作兩漢帝位承繼表的時候，一度感到犯難。首先是皇帝的數量，史書各說各話，沒有唯一。這其實就牽扯到怎麼看待歷史的問題，也就是我們通常所說的史觀。兩漢歷史有個很奇特的現象，那就是二十九位皇帝（西漢十五、東漢十四），僅廢帝、殤帝、少帝、孺子，便占了九位。這就是分歧所在，廢帝、殤帝①、少帝之類，有的史學家把他們入數為帝，有的則不予入數。比如呂雉臨朝稱制的八年有兩位少帝，即劉恭與劉弘，很多史學家是不把他們計入皇帝行列的。說到西漢初期，通常就是劉邦、劉盈、劉恒、劉啟、劉徹，把劉盈之後的劉恭與劉弘，一刀割去。我想，這是極不嚴肅的。而且，這種有選擇性的史觀，也影響到後世對歷史的判斷。江澤民②任上時，他自命為第三代領導人，就是對華國鋒③、胡耀邦④、趙紫陽⑤歷史存在的一種否定。不僅上峰如此，下邊的人具有同樣的政治見解。一九八二年的一天中午，一位幹事去政治處主任那裏打報告，說：「魏得勝把華國鋒放出來了。」主任把我叫去訓話，我也煞有介事，一臉嚴肅：「我沒有把華國鋒放出來。」

這個真實的笑話，聽上去很不可思議，如果不加以解釋，樂子就更大。魏得勝何許人也，竟然有能力把一個剛下臺的國家領導人給放出來？其實，那時我就是一個當廣播員的小兵，中午兩點有兩遍上班號，中間播放幾分鐘的音樂。那時港臺流行音樂還沒有普及大陸，我們的唱片多數仍為紅歌，其中就有歌頌華國鋒的。那陣子，華國鋒剛剛下臺，結果我不慎，竟拿起一張「舊」唱片來播放，突然想到下面一句是「偉大領袖華主席……」，嚇出一身冷汗，立即將唱片機上的劃針抬起，阻止了那句曾經紅遍大江南北的歌詞。但就是這樣，政治覺悟極高的黃幹事，仍然把我告到政治處領導那裏。

這次有驚無險的小小經歷告訴我，在極權時代參與政治生活，是多麼的可怕。聯想到「文革」，一個老工人，不小心把毛澤東像弄倒了，竟被槍斃。專制社會，哪有什麼大政治、小政治，直接就是極端政治。無論何人，一旦沾上，被人上綱上線，你就死定了，輕則處分、勞教，重則入獄，乃至死刑。遇羅克⑥、張志新⑦、李九蓮⑧等，皆因政治觀點，而被處以割喉再槍斃之刑。所以，那頂「魏得勝把華國鋒放出來了」的政治大帽子，你就知道有多凶險。

說到這兒，你也許才明白，中共歷史上，華國鋒為什麼不入數。這其實還是「成者王，敗者寇」的政客史觀。學者的史觀不能這麼簡單從事。史學的基本原則就是保持中立，你可以讚頌，也可以批評，但就是不可以割裂與選邊站。選邊史學，不是奉命史學，就是違心史學，那必定偏頗，誤導世人。在現代民主社會，史學家是獨立的學人，他們奉行自己的立場，不受當局左右；在專制社會，史學家有所謂體制內、體制外之別，體制內的史學家，幾乎無一例外都是奉命書寫者，體制外的史學家遵循良心原則，而他們寫出的歷史，往往被體制內的出版機構拒之門外。所以，我們看到的大陸史籍，其史觀往往都是一邊倒，比如說到抗日，大陸的官方歷史，似乎只有八路。電影更是不遺餘力的這麼宣傳，把對國民黨及蔣介石仇恨的種子，播進觀者尤其孩童的心中。涉及蔣介石，他只有不抗日的歷史。這歷史，伴我成長、伴我長大。直到網路時代，歷史的另一扇窗，才漸漸被推開。這不能被解讀為大陸方面的亡羊補牢，而應看做是一個小小的進步。

基於上述認識，我所寫的歷史，秉持一種雁過留痕的原則，無論我喜歡還是討厭那個歷史人物，只要他存在過，他就一定在我的數據庫中，除非我寫的那段歷史不涉及他。客觀、中立、審視、批判，是史學的生命，我必將一以貫之，不為外界所左右，也不為是否能出版所左右。

表明我的史學態度後，再來探討西漢理論，似乎輕鬆許多。中國有文字以來，各朝各代，都有自圓其說的理論。周有周禮，秦有秦制，漢有無為而治。既然是自圓其說的理論，多少有自說自話的成分在裏面。周秦理論，雖是自圓其說、自說自話，總之還有很實際的東西在裏面。漢朝的無為而治，就虛無縹緲得很了。

漢朝初創，尚無理論可言。劉邦、呂雉兩口，畢竟都是農民出身，不務實也不行，他們壓根就不懂什麼理論。到了子女輩，他們有了皇室背景，有了奢侈的生活，不再去考慮生計問題，便注重起精神生活來。所以，到了文帝劉恒執政時，西漢才開始有了一套理論，就是上面提到的「無為而治」。

劉恒的母親薄氏，也就是劉邦的姬妾之一，她不像戚氏那樣受寵，加之她喜歡道家的無為而治，與劉邦刻意保持著距離，呂雉才沒把她放在眼裏，薄氏與兒子劉恒，得以保住性命。

劉恒皇帝的夫人是竇漪房，說到這個清寒出身的人，我們略作介紹。呂雉執國時，準備挑選一些宮女，賞賜給諸侯王，每人五名，竇漪房在列。竇漪房的老家在河北清河，離趙國很近，希望能把自己分配給趙王。竇漪房把這個請求，告訴了負責分派宮女的宦官。不幸的是，那個宦官把這事給忘了，且把竇漪房的名字，歸入代郡的花名冊裏。這樣一來，竇漪房就成了代王劉恒妻妾群裏的一員。不久，王后病亡，劉恒把特別喜歡的竇漪房封為王后。此後的竇漪房，順理成章，做了皇后，這叫一個因禍得福。

竇漪房作為皇后，擁有在帝國政策上影響丈夫的便利，她跟自己的婆婆薄氏一樣，喜歡黃老之術，贊成「無為而治」。劉恒死後，其子劉啟即位，是為景帝，竇后而為竇太后。竇太后信奉道家學說，她命兒子劉啟和其他王子，都要讀《老子》和《莊子》。因為劉恒、劉啟父子都喜歡上黃老之術，喜歡上無為而治，漢朝才形成統一的治國之策。熟稔中國歷史的人都知道，文景父子即文帝與景帝，創造了漢朝光輝燦爛的「文景之治」時代；而這一時代的政治靈魂，就是無為而治。

如果說無為而治，就使帝國好起來，我是不予苟同的。二〇〇三年，我寫作《歷史的點與線》時，就對此提出了批駁。時隔十年，再寫《漢室江山興衰史》，我的觀點依舊。說到這裏，我們拿一個小故事，來談談無為而治的雛形。這也就是說，漢初「無為而治」的理論與實踐，並非劉恒劉啟父子的原創。

話說劉邦走到生命的最後階段，第一夫人呂雉病榻前諮詢後事，說將來蕭何丞相死了，誰來接他的班呢？劉邦就說：「曹參可勝任。」劉邦他們推翻前中央政府之前，蕭何、曹參在沛縣政府工作，同為吏員。可是吏員也有不同，縣政府裏的辦事員，分人事、刑獄。分管人事的，被稱為主吏，居掾吏之首。分管刑獄的掾吏，就比分管人事的，矮人一等。沛縣的掾吏蕭何與曹參，前者分管人事，後者分管刑獄。所以，到了劉邦稱帝，首先做丞相的，是蕭何，曹參次之。意思就是，等蕭何死了，曹參才有做丞相的份兒。

由此也引申出一個題外話。你看美國的很多總統，大都是律師出身，說明他們很重視法律這一塊。而且，國家發生了任何事，需要解決的時候，最終都要歸到法律那塊來解決。專制主義不是這樣，一切麻煩，都要歸結到人事上去解決。人事一向沒有準繩

——說你行，你就行，不行也行；說你不行，行也不行。所以，我給人事一詞的定義是：沒有人事。但凡瞭解中國的人，都知道中國的人事，令人焦頭爛額。這一切，從秦漢那會兒就開始了。說不準，還更早些。我們看到，蕭何與曹參，在劉邦那裏，有顯而易見的高低之分。

言歸正傳。中國政治圈，信奉新官上任三把火，就是風風火火的幹幾件像樣的事，以示開局。然曹參接任丞相一職之後，竟無半點動靜。不唯如此，曹參還貼出文告，但凡人事制度、行政安排，概照故相蕭何的舊章辦理。也就是說，曹參上任國務總理後，他的內閣成員，沿用蕭何的內閣班底。這讓曹參的親信，大為不解。原以為，曹參發達了，他們這些親信跟著一塊享榮華富貴。不成想，新丞相還用老丞相的人。

上之所述，還在其次。讓人大跌眼鏡的是，幾個月後，曹參竟然把那些幹勁十足、好名喜事、舞文弄法之人逐出政府，另選呆頭呆腦、口才遲鈍的人補缺，使其成為國家機關要員。幹事也行呀，不！曹參只令他們日夕飲酒，娛樂玩耍。有幾個朝中大臣，實不忍荒政，亦因閒得慌，同去拜謁曹參，開口便要談國政，曹參笑呵呵的止住，隻字不提國務，而是大開筵席，邀同宴飲。幾位大臣面面相覷，不知丞相何意。皆因不敢犯上，只好聽從曹參的安排。丞相與大臣，推杯換盞，席間言語，酒令而已。但有誰言不勝酒力，那曹參必定勸罷一杯又一杯，直至幾位大臣，皆入醉鄉。從此，再不敢有大臣上門拜謁談什麼國務。

上行下效，內閣及屬吏，無不效尤聚飲。飲至半酣，或歌或舞，乃至醉話連篇。即便丞相府後花園，相府工作人員，亦在那裏花天酒地，打發時光。有那剛直不阿的，告到曹參那裏，他老人家嘻嘻哈哈：「有什麼大驚小怪的，走，咱們也湊熱鬧去。」告狀的人，以為聽錯，跟在曹參身後，遊至後花園。見眾屬吏宴笑喧鬧，曹參不以為意，反倒加入其中，擇地而坐，且飲且歌。這使我們想起商王朝的「酒池肉林」，想起子受辛政府「喝酒就是工作」的頹廢狀態，曹參也真有得一比呀。

劉盈皇帝知道後，就對身邊的曹窋（曹參的兒子，大中大夫）說：「你回家問問你老爹，就說高祖去世不久，我這新皇帝還沒有成年，全國上下，大大小小的事，全仗著他老人家維持。可你老爹呢？身為丞相，卻整天只知飲酒作樂，無所事事，這如何治平天下？回家後，編一套你自己的話，問問丞相，看你老爹如何回答。完了，把你老爹的話，原原本本的跟我學一遍。」

曹窋應聲欲退，劉盈又謹慎道：「記住，用你的話去問，且不可說是我教你的。」曹窋奉命回家，把少年天子的話，變成自己的語言，來質問父親。曹參聽罷，竟攘袂起座，怒道：「你個乳臭未乾的東西，懂得什麼治平天下？跟著皇帝，你就長能耐了？敢到老夫面前來饒舌！」說著，從座旁取過戒尺，把那曹窋打了二百下，隨即叱道：「還不快快回宮，好生侍候皇帝去，那才是你的本職。」曹窋哪裏敢回嘴？垂頭喪氣，悵然入宮，把他老爹的話，一五一十，稟告劉盈。

劉盈了聽，氣不打一處來。在次日的早間辦公會上，劉盈吩咐曹參道：「丞相近前，朕有話問你。」曹參出列近前，謹慎道：「臣在。」劉盈審視了一下曹參，生氣道：「丞相昨日因何責罰曹窋？曹窋所說，實出朕意，一番諫言罷了，丞相何必動怒打人？」曹參驚聞，遂免冠伏地，頓首謝罪：「實不知是上意，老臣罪該萬死。」劉盈道：「愛卿平身。」

曹參起身，俯首而立。劉盈道：「朕要當面問你，丞相如此荒政，是個什麼意思？」曹參反問道：「陛下自思聖明英武，若與高皇帝比，幾何？」曹參的意思是，皇帝自以為聰明能幹，可是與你老爹劉邦比，你以為如何呢？曹參答非所問，劉盈不解，怒道：「朕怎敢與先帝比呢？」曹參又道：「以陛下看來，老臣與已故丞相蕭何比，誰優誰劣呢？」曹參乃先帝劉邦欽點的丞相接班人，劉盈再生氣，也不敢過分造次，隨口答道：「曹丞相似乎不及蕭相國。」

曹參總結道：「陛下所見甚明，所言甚確。早年，高皇帝與蕭相國平定天下，明訂法令，諸事各具規模。今陛下垂拱在朝，臣等能守職奉法，遵循勿失，便算是繼前賢、保國安了。倘不知好歹，心存改革之念，便是背叛前賢。再說，今天的人再有能力，焉能勝過前賢？創新不易，守成更難啊。」劉盈年輕，無所歷練，經曹參一番說教，似有所悟，乃道：「朕知道了。」君臣論道，自此而結。

劉盈回到後宮，把曹參「無為而治」的思想，彙報給母后。呂雉聽罷，大喜，心想：「曹相如此，正和我意。」乃對劉盈道：「曹丞相乃先帝欽點的接班人，你我母子順從他的治國理念，便是對先帝的尊重。」劉盈對母后一向是言聽計從，不敢有絲毫違拗，答應道：「兒臣知道了。」此後的呂雉得以大展宏圖，源於曹參的荒政，更源於呂雉本人的政治野心。

不可理喻的是，曹參為相，數年不行一政，讓帝國各個零部件徹底停擺，卻得到朝野交相稱頌。時人有言：「蕭何為法，顜若畫一；曹參代之，守而勿失；載其清淨，民以寧一。」後世史官，更將蕭何、曹參，並稱漢初賢相。秉公而論，蕭何尚不能稱賢，曹參就更上不得賢榜了。於帝國的發展而言，僅憑曹參荒政這一點，給他個「歷史罪人」的名頭，也不為過。可事實是，後人竟把曹參的荒政總結為「無為而治」；最起碼，也認為曹參是這一理論的偉大實踐者。什麼叫無為而治？意思就是，你什麼都不幹，躺著睡大覺，就等於什麼都幹了。無為而治理論，如此不通，且能大行其道，實在是匪夷所思。

曹參之「無為而治」，使我想起當下的中國，那其實也是一個無為而治的時代，幾乎所有的實權派官員們，每天的要務就是貪污，並把巨額贓款、老婆孩子移往西方國家（以美國、加拿大、澳大利亞為主），然後以裸官的姿態，參與到五毒俱全的火熱官場中去。尤其在胡溫⑨執政的十年（即二〇〇二年至二〇一二年），腐敗現象達至登峰造極的地步。像南京市長季建業、山西運城市委書記王茂設等，甚至懶得到市委市政府去辦公，他們直接就常年吃住在酒店，並在那裏操控轄區。官員已處於全面的糜爛狀態，可奇怪的是，中國的ＧＤＰ，卻火箭般往上竄。那些官員都無為了，什麼都不幹了，都躺到酒店或自己的超級別墅吃喝嫖賭去了，政績卻好到了天上去。如此無為而治，中國官場獨一份。

① 東漢殤帝劉隆，滿月登基，在位八個月，二歲而亡；前少帝劉懿，以嬰兒之齡登基，在位二百多天即亡；沖帝劉炳在位六個月，三歲而亡；質帝劉纘，在位一年，九歲而亡；後少帝劉辯在位五個月，十五歲而亡。

② 江澤民，前中共領導人。

③ 華國鋒，前中共領導人。

④ 胡耀邦，前中共領導人。

⑤ 趙紫陽，前中共領導人。

⑥ 遇羅克，因政治問題，於一九七〇年被處決。

⑦張志新，因政治問題，於一九七五年被處決。

⑧李九蓮，因政治問題，於一九七七年被處決。需要特別加以注釋的是江西女青年李九蓮之死，她因「惡毒攻擊英明領袖華主席」，「不殺不足以平民憤」，江西省常委們在討論要求執行死刑的報告時，多數常委同意「判處死刑，立即執行」，反對意見只有三票。執行槍決時，為防止李九蓮喊口號，行刑者便用竹籤把她的下顎和舌頭刺穿在一起！民主政治的目的之一就是設法使人民免除恐懼；專制政治的主要目的就是設法使人民永遠處於恐懼之中，以便江山永固。

⑨胡溫，即胡錦濤（前中共領導人）與溫家寶（前中國國務院總理）的統稱。胡溫執政的十年，中國式貪污腐敗達到令人震驚的地步——過去十年出逃國外的官員一萬多人，攜帶贓款六千五百億元人民幣以上（引自中國中央電視臺二〇一四年十月三十一日新聞頻道）。而官員單個的貪污，其金額更是動輒上億，如國家能源局煤炭司副司長魏鵬遠，檢察官僅從其家中就查獲兩億元人民幣現金。在這種緊迫的局面下，甚至公然有「腐敗有利於經濟發展、有利於GDP增長」的謬論，從而導致全民史所未見的道德大滑坡（人人恨貪官，卻又人人希望加入貪腐集團）。好在習近平執政團隊正以前所未有的力度，努力遏制腐敗勢頭，中共政治局常委（正國家級領導人）周永康、中央軍委副主席徐才厚、中央政治局委員薄熙來等要員因貪腐相繼落馬；二〇一四年，近二百名潛逃國外的巨額貪官被拘捕歸案。中共政治局常委、中共紀律檢查委員會書記王岐山是這場反腐戰爭的操盤手。而這場以「自我監督、自我制約」為基石的反腐戰最終結果如何，相信歷史會給出答案。

盛世凍死骨

老子的「無為而治」理論何其荒唐，但竟然有人說，漢朝四百年基業，就奠定於此。事實上不是這麼回事，西漢建國初期，雖有「無為政治」做理論，但劉氏政府實行的卻是「有為政治」，他們不僅給農民鬆綁（如免除全國田賦），也給其他輔助性的行業如工商界鬆綁，西漢才發展起來。皇室還以身作則，比如皇帝本人有時穿著草鞋上班，皇后則不穿時髦的拖地裙，以免浪費布料。這都是有為的表現啊。可見老子的「無為即有為」論，不值一駁。

很多史學家把西漢的經濟發展看得很重，其實那是對比產生出來的，西漢沒有後世理論家總結得那麼好。從戰國到嬴政的統一戰爭，再到秦末的反政府之戰，再再到劉邦項羽的內戰，長達數百年的戰爭，令人口驟減、經濟凋敝、土地撂荒，處處是淒慘破敗的景象。西漢初期幾十年，和親匈奴，鼓勵生產，輕徭薄賦；休養生息，農民減負，病夫中國的臉上，菜色裏才漸漸現出一點不輕易察覺的亮色來。

至於文景之治般的盛世（糧滿倉，錢滿庫），那是統治集團的盛世，而非老百姓的盛世。黃老政治最大的缺點是使富者更富，貧者更貧；強者更強，弱者更弱。尤其到了後來，人口漸繁，耕地漸少時，貴族和富農在政策的保護下，大量兼併自耕地，造成一個龐大的地主階層。富人的田地一望無際，而窮人卻連立錐之地都沒有。從中國百姓的角度看，沒有什麼文景之治，有的只是：「朱門酒肉臭，路有凍死骨。」百姓就是那凍死骨。

一些史學家總在讚頌西漢的「給民養息」，那種觀點完全不問是非。我們查看歷史，卻發現，從劉家皇帝，到達官貴人，再到商人豪強，全是壓榨農民的主兒。這些主兒，任意圈地，致使農民喪失土地。反過來，失地農民，再給這些有權有錢又有勢的惡棍去當牛做馬，還要承擔戍邊、雜役、徭役等等。可你再看看劉家皇帝的態度，他們堅定地站在官吏商人富豪一邊，劉盈時，對官吏商人富豪的稅收政策是十五稅一；到劉啟時，更是改為三十稅一。一些不辨是非的史學家，稱讚這是劉家皇帝的「仁政」。這哪兒是仁政，直接就是讓富人更富、窮人更窮的惡政！翻開漢朝史，窮人吃人的記載、逃匿做強盜的記載、妻離子散的記載，比比皆是。這也叫「給民養息」？這也叫「文景之治」？西漢盛世何來？告訴你吧，那是劉家皇帝及其統治集團的文景之治和盛世，與農民沒有任何關係，農民只是他們魚肉的對象。

漢朝農民的實際生活狀況如何，也不用我們去猜測，時人董仲舒就說：「農民穿的是破爛衫，吃的是豬狗食。」當時的一些文字記載，也驗證了董仲舒的話是確切無疑的。以西北地區為例，那裏的農民，冬天沒有衣服穿，整天臥在草窩裏；必須出來見官時，只能忍著寒冷，披草而出。不要以為官員是給這些可憐的農民送溫暖來的，他們是來要錢催稅的。農民沒有辦法，就把妻子或自己賣掉，給人家去做奴隸。當時的街上就有若干木欄，破落的農民走進去，像牲畜一樣出售自己。

西漢農民的慘狀，使我想起一九七〇年代末，萬里做安徽的省委書記，去農村調研，發現兩個女孩裸體躲在鍋灶裏。那也是冬天，女孩沒有衣穿，躲在裏面取暖。萬里把這事告訴執政的鄧小平，可以想見，會是怎樣的心靈觸動。鄧小平發狠，推開國門，搞經濟建設，讓百姓有飯吃，有衣穿。幾十年過去，國家的經濟是搞上去了，可隨之而來的，卻是官員們的花天酒地，以及他們無所顧忌的強拆民房，大肆圈地，直弄得民不聊生。這時的中國城市，處處是繁榮昌盛的樣子，可你一旦走到城市的邊上，卻發現城裏城外，天壤之別。再到邊遠鄉村，那裏似乎還是萬里當年在安徽農村看到的情景。那情景，也是兩漢農村的情景！

第四章
漢家寡婦

上兩章，我們探討了劉邦開國，以及劉邦體制，這一章，再來說說漢室女人。說到這裏，我們會有一種特別的感受，那就是：漢室多寡婦。細想，也在情理之中。皇帝妻妾成群，當家的一死，自然就會產生許許多多的寡婦。兩漢二十九位皇帝，只有劉邦、劉徹、劉秀活過六十歲，其餘多短命。這樣，漢室裏的年輕寡婦，也就比比皆是。而本章所及，僅僅是漢室寡婦隊伍裏的幾個代表性人物，她們的生活，有助於我們更好的去瞭解漢朝。

呂雉時代

江山屠宰權

講漢室寡婦，呂雉首當其衝。怎麼來評價呂雉這個人呢？當年，她父親將她許配給劉邦後，一直恪守農婦之道，了無驚人之舉；就是劉邦稱帝，她與戚氏爭寵，也一直為下風。這只是呂雉的一面，她的另一面，於悄然中展現著。劉邦在外御駕親征，呂雉則於內幫著丈夫清除異己。韓信的被處死，就是呂雉一手操縱的。在這個過程中，蕭何極盡策略，使得呂雉學到很多對付異己的辦法。

整人也是行政的一部分嗎？那當然。專制的首要，就是整人。整人都不會，那是做不了行政工作的；整人不能心狠手辣，更走不上大檯面。換言之，專制體制下的官員，職位越高，整人的水平就越高，手就越黑，心就越毒。說白一點，專制機構的一切就從整人開始；工作便是整人，整人便是工作。而整人，不需要太多智慧，有權即可。所以說，當一個農婦獨攬了皇室大權後，身經百戰的大將軍，都成了不值一提的對手。韓信死在呂雉手裏不掉價，李自成死在村民手裏才掉價。呂雉是誰？她再是農婦出身，人家當下可是貴為皇后呀。皇上殺你，你還不得謝主隆恩嘛；皇后殺你，亦不失身分。說這些話，當然是在調侃那些奴性十足的人，然又何嘗不是這麼回事呢？謝主隆恩之外，那些奴才說不定心裏還偷著樂：「嘿，說什麼咱這顆頭也是皇上他老人家砍的，雖敗猶榮哩！」而這些奴才的子孫，也說不定拿這事當話說：「嘿，咱老子的頭可是叫皇上他老人家砍的，你的頭想讓皇上砍來著，你也配？！」

閒話少敘。劉邦稱帝八年，呂雉參與其中，其行政能力得到很大鍛鍊。前一九五年六月一日，劉邦彌留之際，呂雉於病榻旁，問將來的人事安排：「皇上，蕭相國死後，由誰來接替他呢？」劉邦說：「曹參可繼之。」呂雉又問道：「那麼，曹參之後呢？」

劉邦道：「王陵可繼之。」劉邦想了想，補充道：「但王陵這個人，智謀不足，可由陳平輔之。」呂雉見劉邦憂心忡忡，正要說什麼，劉邦又道：「唉，陳平這個人呀，雖有智謀，但不能決斷大事。周勃雖然不擅言談，但為人忠厚，日後安定劉氏江山，非他莫屬。那就讓周勃做太尉吧。」呂雉聽到劉邦這一連串的「但是」，也不免為日後的漢室江山擔憂起來，待要下問王陵、陳平之後怎麼辦，劉邦有氣無力道：「再後的事，連你也不知道了，問它做什麼？」說完，六十二歲的劉邦撒手人寰。

劉邦死，十七歲的兒子劉盈即位，尊呂雉為皇太后。劉盈因為有呂雉這樣一位強悍的生母，所以，自小懦弱怕事。劉盈凡事聽從母后的懿旨，呂雉也就從此開始了她長達八年的臨朝稱制時代。劉邦死後這八年，漢帝國的行政大權，盡攬於呂雉之手，她是這一時期實際的國家元首。她那懦弱的兒子劉盈，不過就是一個影子皇帝、傀儡皇帝，亦或說是她手中的一個玩物，如同慈禧手下的皇帝同治與光緒（即載淳與載湉）。而呂雉之所以能得心應手的執掌漢朝中央政府，則得益於曹參丞相的「無為而治」。用通俗點的話講，就是撂挑子，什麼也別幹。這一論點，在上一章我們剛剛講過，此不多贅。

皇帝的家人，尤其皇后、皇太后，並無政府職權，但她們隨時可以跑到前臺，指點江山。足以說明，帝制私有的屬性。二〇一三年，山東濟南中院一審薄熙來，我們得以知道，薄熙來主政重慶時，重慶市最高當局的人事會議，其內人薄谷開來竟然多有參與，比如王立軍的「休假式治療」，就出自她的意見。從中折射出的信息只有一個，「百代皆行秦政制」，薄熙來當屬百代不變的政治體系之一員。當代官員活在秦政制時代，那麼百姓，自不會跳出三界外，去享受現代民主。做此聯想，是因為有太多的現代劉邦、現代呂雉，莫說百姓聽聞這些惡名不寒而栗，就是他們手下的高官，也時常如草芥，被皇權（極權）踩死，猶如踩死一隻臭蟲那麼簡單。

濟南庭審中，王立軍多次爆料，說他的上司薄熙來，對他這個副部級官員（重慶市副市長），說罵就罵，說打就打。噫，劉邦就這德行呀！局外人也許覺得皇帝手下的大臣個個牛得不得了，你哪裏知道，他們在皇帝那裏，連孫子都不如；乃至那些皇帝土皇帝，直接就不拿臣下當人。這就是極權專制的殘酷性。壓抑之下，臣下心理變態，只好把主子給他的氣，一股腦的轉嫁到他治下的人民身上，人民稍有反抗，就被污以「刁民、暴民」之惡名；人民跪攔官駕訴冤，則被扣以「跪著的暴動」之罪名。這就是說，極權專制的最終受害者，就是手無寸鐵的人民。

回到原題，繼續說呂雉，這位曾經的農婦，一定不會想到，竟有今日之無限風光。然她的風光，還不是做皇后，而是做大漢王朝的首席寡婦。照理說，女人有丈夫才風光，不是有那麼一句話嗎，叫做夫貴妻榮。其實不然，皇室尤其如此。皇帝活著，皇后再尊榮，往大了說，她也不過是第一老婆。尊你，你是第一老婆，是皇后；不尊你，打入冷宮，連普通宮女都不如（歷史上，被打入冷宮的皇后，也不在少數）。皇后之威，多體現在死了丈夫之後。那時，她的兒子當了皇帝，她就是皇太后。如果這個皇太后足夠強悍，那麼這個帝國，就是她手裏的玩物了；即便不夠強悍，當今皇上也會跪在太后面前，自稱「兒臣」。由此看來，皇后要做了寡婦才開心。比如唐朝的韋皇后，她總盼著自己當寡婦的那一天，可是她的皇帝丈夫李顯又老不死。就這麼急切地盼了五年，韋皇后實在等不下去了，乾脆給丈夫的食物裡下毒，她這才如願以償、興高采烈地做了寡婦，進而做了大唐的皇太后，是以臨朝稱制。

皇后以下的女人死了丈夫，便是純純的哀家。以中國史上第一位皇帝嬴政為例，他到底有多少老婆，沒人說得清，他一死，其子嬴胡亥就指示說，老爸後宮裏的女人，凡是沒有生過孩子的，統統陪葬。嬴政的姬妾多半無子（這些可憐的宮女，入宮幾十年，至死也未見過一回她們的皇帝丈夫），聞者莫不哀嚎。無數寡婦，就這麼被推入嬴政墓穴，朵朵鮮花，化作堆堆白骨。從這一意義上說，給皇帝做姬妾，是天下頭等倒霉的事。也難怪宮廷鬥爭激烈，人人想著當皇后，能不激烈嗎？

呂雉雖有戚氏跟她爭寵，畢竟她是笑到最後的人。因此，她得以臨朝稱制。說「臨朝稱制」這個詞，現在的讀者多不太理解，這裏略作解釋。今天的中國人，最熟悉「一把手」這個詞，呂雉的臨朝稱制，就是漢朝中央政府一把手的意思。我家孩子三歲時，跟著一部古裝劇主題歌唱，人家的歌詞是「看江山由誰來主宰」，他給唱成「看江山由誰來屠宰」了。當時真是笑疼肚子，不過仔細一琢磨，不錯呀，誰是王朝一把手，那天下可不任由他來屠宰嗎？國家就是大帝們案板上的豬羊，怎麼屠宰，又怎麼吃，不全由一把手說了算嗎？

說到這裏，想起一個詞，叫做「食邑」。一個人登基做了皇帝，就分封他的子女或功臣到某地，成為那個城市或多個城市或某個地區的王，那地方成了某個王爺的地盤後，其稅賦，也就是老百姓繳納的錢糧，就歸他吃，這就叫做食邑。讀中國古代史，常見「萬戶侯」這個詞，就是說這個侯爵，是吃萬戶的人。寫歷史的人，往往把萬戶侯，寫作「食萬戶」。比如「食采河南，食十萬戶」這類話，翻譯成白話，大意就是，皇帝頒令：「劉小二，你哥哥做太子，將來是要接班做皇帝的。當爹的也不能虧待了下邊你哥兒幾個。這樣吧，你去河南，到那裏去吃萬戶人家。」又比如封異姓王，就頒令說：「王二狗，你為國立下汗馬功勞，朕允許你吃十萬戶山東人。」我們籠統的來表述這種政治待遇，就說張三，你負責吃這個地方的千戶人家，李四你負責吃那個地方的萬戶人家。王與侯，什麼也不幹，專等吃人。解釋起來，「食邑」一詞，就這麼簡單。

把視野轉到大帝那裏，全國就是他屠刀下的一頭豬，他把豬給宰了，切割成若干塊，開始封賞自己的家人。劉邦的第一個女人不是呂雉，而是一位姓曹的女孩。前面我們略有所提。劉邦還是泗水亭長的時候，曹姑娘就給劉邦生了個私生子，這就是劉肥。後來，劉邦娶了呂雉，稱帝后又有三宮六院的女人，無論生多少兒子，劉肥老大的位置，無人能取代。劉邦這方面也很有原則，稱帝后就把老大封到最肥的地方齊國；明朝萬曆帝朱翊鈞最喜歡鄭貴妃給他生的兒子朱常洵，便把當時最肥的洛陽，割給了他去吃。歷史上這種情況很多，餘不一一。就說這意思，同是皇帝的兒女，有的分割到豬後腿，有的分割到豬耳朵，等等。有人分割到豬尾巴，嫌少，有人就安慰說：「你知足吧，豬尾巴多少還有點肉，咱分割到手的，直接就是一根豬毛。」

皇帝是他那個帝國的屠宰手，又是唯一主宰，厚誰薄誰，全憑他一人說了算，無人敢多言。現在，漢室江山這頭豬的屠宰權，落到呂雉手裏，她如今是這塊案板上的大老闆，如何屠宰，那是她說了算。

慘殺情敵

呂雉獲得漢室江山屠宰權後，她的第一個攻擊目標，便是情敵戚氏，就是劉邦最為喜愛的那位定陶女子。這裏，我們把戚氏的事，簡略做個交代。

戚氏何以在劉邦面前受寵呢？史書上說，戚氏貌賽西施，技同弄玉，能歌善舞，又兼知書識字，信口成腔，時有〈出塞〉、〈入塞〉、〈望婦〉等曲，一經戚氏嬌喉，便抑揚宛轉，令人銷魂。劉邦好色，自然愛而寵之。女人被寵，就不免會想入非非，戚氏自不例外。她想到哪兒去了？她想到立儲問題上去了。呂雉的兒子劉盈為皇太子，也就是宗法制下的儲君。戚氏為自己的兒子劉如意爭儲，不要說呂雉恨之入骨，就是朝中大臣，亦不答應。

按照宗法制度，劉邦與呂雉為原配夫妻，他們所生的孩子為嫡出；劉邦與眾姬妾所生的孩子為庶出，這在皇位繼承上，有嚴格的規定，叫做立嫡不立庶，除非嫡系一支沒有兒子。劉盈乃嫡出的皇太子，戚氏夢想廢而改立，招致呂雉的極大憤怒。尤令呂雉無法容忍的是，劉邦竟然真的動了廢立之心。

你知道這意味著什麼嗎？意味著死活問題。皇帝妻妾成群，兒女眾多，無論誰當了皇帝，為了保住自己的權力不被顛覆，通常都會對自己的手足大開殺戒。還以嬴胡亥為例，他篡奪了哥哥嬴扶蘇的帝位，感覺名不正言不順，怕兄弟姐妹起來反對他，就設下冤獄，把自己的同胞兄弟姐妹，統統殺掉。秦始皇嬴政的幾十個兒女，無一倖免。戚氏向劉邦提出廢立問題，也是基於這一考慮，她深知呂雉對自己恨之入骨，如不採取廢立之策，劉邦一死，劉盈即位，呂雉便是太后。劉盈性格仁柔，對生母呂雉言聽計從，劉盈即位成真之日，也就是他們母子大難臨頭之時。每每想到這些，戚氏便寢食難安，故而，總在劉邦面前哭哭啼啼，要求立她的兒子劉如意為皇太子。劉邦見戚氏整天淚人似的，心一軟，就答應了。

皇室的廢立問題，雖說是家事，可也是國事。關係到後備政權更迭的大事，劉邦不能一人說了算，他還得交由中央辦公會（即朝會）去討論，然後做出決定。這並非劉邦民主，實在是家國不分的制度使然。更何況，朝中老臣，都是劉邦一塊打天下的，不能過分目中無人。即便是呂雉，她作為皇后派系的領袖，對劉邦亦不乏牽制力。我們說皇帝獨斷乾坤、說一不二，拿臣下不當人，那是庸常之日，大家你好我好，稀裏糊塗罷了；可一旦起了權爭，就全然不同。關係到沉浮，乃至危及生命，你當皇帝的怎麼啦，兔子急了還會咬人哩。劉邦很聰明，他不會在中央挑起大規模的政治對立，尤不會使自己處於對立面中那最小最單薄的一面。因此，他把廢立問題，提交到中央辦公會上去討論。劉邦道：「各位愛卿，朕有一事相商，不知可否？」當大臣的最怕皇帝客氣，準沒什麼好事。於是，個個小心翼翼。周昌出班奏道：「但請皇上明言，臣等方能按旨擬議。」劉邦支支吾吾道：「朕擬廢立，當否。」周昌把眉一橫：「這話從哪兒說起？」

第二章我們就提到過周昌，此人乃劉邦自老家帶出來的人，仗著他們之間的莫逆關係，說話很是無忌：「好好的，怎麼突然廢起太子來了？這是要背天理的呀！」其他大臣，見周昌發話，一哄而上，紛紛反對。其實，這就是一種政治技巧，無論立劉盈還是立劉如意，反正都是龍種，贊成與反對，都沒有風險。這種事上提出意見，顯得特別忠君敬業。劉邦也不好發脾氣，畢竟這是家事，大臣提出個人意見，是關心皇家的意思，不能不知好歹。於是，劉邦大手一揮：「好了好了，此事以後再議。」等於留下一個活便的窗口。

在廢立問題上，太子太傅叔孫通，也就是那位讓劉邦找到當皇帝感覺的人，比周昌還激進，他直接入宮，晉見劉邦。其時，劉邦正在勸慰戚氏，說：「這幫大臣，真把自己當回事了。廢立問題，與他們說說，也不過就是意思意思。嘿，咱這裏一軟面，他們楞充起大瓣蒜來。說到哪兒，這都是咱自家的事，朕貴為天子，說一不二，豈容他們在那裏聒噪？你且耐心等等，立如意兒，是遲早的事。」戚氏臉掛淚珠道：「我母子性命，在乎一舉，求皇上速成其事。」

正說著話，聞叔孫通晉見。劉邦很是佩服叔孫通，就對戚氏說：「此人求見，不可不見。」愛姬先到簾幕後面避一避，但看先生此來，有何話說。」戚氏也不好違拗，躲到簾幕後。劉邦對身邊太監道：「叫他進來。」叔孫通隨即進來，行叩拜之禮。劉邦讓他起來說話。叔孫通起身，直言道：「從前晉獻公寵愛驪姬，廢去太子申生，結果，晉國亂了好幾十年。秦始皇遲立扶蘇，遭致滅祀亡國，這是陛下親見的。今天的早會上，陛下突兀提出廢立問題，實在令人費解。」

叔孫通開口即言晉獻公廢太子，就知道他的來意了。那簾幕後的戚氏聽了，更是揪心得疼痛。廢立的反對聲浪，竟然從朝廷辦公會上，一路席捲到後宮，這是戚氏所萬萬沒有想到的。劉邦哼哈道：「不是說過了嗎，再議。」叔孫通道：「再議就是還有廢太子的可能。陛下，當今太子仁孝，天下共聞，且太子為嫡出。無故而廢太子，難道忘了前車之鑑了嗎？」劉邦依舊哼哈對答，言語模棱兩可。叔孫通急了：「陛下這是鐵心廢太子了。那好，臣以屍諫抗議。」說著，遂拔出寶劍，意欲自刎。劉邦慌忙站起，搖手道：「愛卿不必如此，朕不過偶出戲言，奈何當真？」叔孫通乃把寶劍收起，復道：「太子為天下根本，不可兒戲。」劉邦道：「朕聽君言，不易太子就是！」叔孫通這才坦然離去。

叔孫通剛走，戚氏便哭著，自簾幕後出來。顯然，她比此前更加悲傷了。劉邦拉戚氏坐下，安慰道：「你也不必過於悲觀，須知人生有命，得過且過吧。」戚氏道：「常言說，一切皆是命，半點不由人。連皇上都無力拯救姬妾與骨肉的性命，可見那常言說的，是多麼的有道理。我和如意娘兒倆等死好了。」說完，一把鼻子一把淚，哭得天昏地暗。劉邦安慰道：「愛姬所說果然不錯，朕原本泗水一小小亭長，焉敢妄想做皇帝？結果就天子了，這不是命嗎？還有句常言，叫做：「命裏有時終須有，命裏無時莫強求。」這老話告訴咱，一切都是天定。既如此，你我何必自尋煩惱？倒不如及時行樂，快活一天算一天。」戚氏道：「如何及時行樂？焉有心情行樂？」劉邦道：「倒不如你為我作楚舞，朕為你作楚歌。」雖說戚氏在劉邦面前受寵，但劉邦畢竟是皇帝，他在外面的話是聖旨，在家裏的話，同樣是聖旨。所以，戚氏不敢抗旨，就席前輕輕舞動起翠袖來。劉邦想了片刻，歌詞已就，隨即高聲唱道：

鴻鵠高飛，一舉千里。羽翼已就，橫絕四海。橫絕四海，當可奈何！雖有繒繳，尚安所施！

戚氏聽出語意，悲從中來，不能成舞，索性掩面痛哭，泣如雨下。劉邦亦無心再飲，吩咐撤肴，自攜戚氏入內室，無非是婉言勸解，軟語溫存。自此，遂把廢立之事擱起。然那呂雉並沒有忘記這個過節，劉邦一死，她立馬吩咐宮役，嚴處戚氏。說來可憐，宮役將戚氏的萬縷青絲，盡數拔光，並讓她穿上僕人的衣服去舂米。大漢開國第一寵妃，竟落得如此結局，不僅讓人哀嘆，人生無常！戚氏淒苦，舂米時，作歌排解，可謂是自哀自憐。歌曰：

子為王，母為虜！終日舂，薄暮常與死相伍！相離三千里，誰當使告汝！

歌中的「子為王」，就是戚氏的兒子劉如意，他的封地在趙國，稱趙王。宮役把戚氏所唱的，上報呂雉。呂雉惱羞成怒：「賤人還想倚靠她兒子翻盤嗎？一個也逃不出我的手心！」遂遣使速往趙國，召劉如意入朝，意欲加害。三番五次，那劉如意竟然抗旨不尊。呂雉問明使者，方知是劉如意的丞相周昌所為。

周昌不是在朝中為臣嗎，怎麼跑到趙國去了？這還是劉邦在世的事。劉邦廢立的事，被朝中大臣否決。劉邦知道，呂雉不會放過戚氏與劉如意母子，於是派忠直的周昌，到趙國給心愛的兒子劉如意做丞相。這意思很明白，就是要周昌保護好劉如意。果如所願，在自己百年後，或許還能起到保護戚氏的作用。周昌到了趙國，盡職盡責。劉邦死後，他更是不遺餘力的疼愛和保護少年劉如意。比如京都來使，催劉如意晉京，他就知道不是什麼好事，便加以阻攔，言稱「趙王體弱多病，不宜長途跋涉」。

呂雉知道劉如意不能晉京的原委，對周昌憤恨有加。然呂雉又念及周昌在廢立問題上，堅持原則，也算是間接幫助過她母子，故未予加罪。這不等於說，呂雉就此罷手，她只是換了個方法，用調虎離山計，把周昌弄到中央來。一見面，呂雉即怒叱周昌：「你不知道我怨恨戚氏嗎？」呂雉倒也直言不隱。這無異於告訴世人：「我呂雉就是要整死戚氏，誰讓她與我爭寵，誰讓她攛掇先帝廢太子。」這明擺著，是要把卑鄙展示與世人呀！

周昌剛要回稟，呂雉又道：「為何不使趙王晉京？」周昌直言道：「先帝以趙王託付老臣，臣在趙一日，就應該保護一日，況趙王劉如意係當今皇上的弟弟，為先帝所鍾愛。臣前力保太子，得蒙先帝信任，無非望臣再保趙王，免致兄弟相戕。若太后懷有私怨，臣怎敢參與皇家私事？臣唯知有先帝遺命罷了！」呂雉無言，令周昌退出，但不得再往趙國為相。周昌知道趙王劉如意凶多吉少，因無力為之，也只好聽天由命了。呂雉一面把周昌扣下，一面派使節飛召劉如意。劉如意失去周昌的保護，六神無主，只得應命晉京。

但說劉盈，因見戚氏舂米，便知是太后所為。這個年輕的皇帝，一向仁厚，他明知母親所為過甚，也不敢去責問。而弟弟劉如意的即將到來，使他感到母親另有所圖。為保護同父異母的弟弟劉如意，劉盈乘輦出迓，搶在太后之前，把弟弟劉如意接到自己宮中。劉如意的飲食臥起，劉盈俱親力親為，還真有個做哥哥的樣子。劉如意年幼，不諳世事，一心想著見生母戚氏。劉盈婉言勸慰，說：「等方便的時候，一定使你們母子相見。」劉如意無力自主，只好含悲度日。因劉盈力護劉如意，呂雉不得下手，私下每常惱恨劉盈：「這個不中用的傻兒子！」

晃眼已是年底，劉盈於隆冬之際去狩獵。天未啟亮，劉如意還睡著，劉盈不忍喚起。不過，仍徘徊不定。劉如意還是個孩子家，大冷的天，拖帶著他去狩獵，豈不受罪？再者，弟弟已在自己的宮裏住了些日子，一切無妨無礙，想不會出什麼岔子。猶豫著，便帶上狩獵的隊伍出發了。要知道，呂雉等這一天久矣。

如果說劉如意是小孩子的話，那麼劉盈則是大頭孩子，以他幼稚的思維，如何算過他的母后？待他狩獵歸來，可憐懦弱的小弟弟劉如意便七竅流血，已命歸西天。劉盈抱屍慟哭，自我埋怨，不該如此大意。不得已，吩咐左右，以王之禮殯葬劉如意。

就弟弟被鴆殺一事而言，劉盈知道是母后所為，一向懦弱的他，怎敢在太后頭上動土？無奈，也只好暗地調查，找出執行者，以便為弟弟報奪命之仇。劉盈再無能、再年輕，畢竟還是皇帝，他吩咐的事，手下不敢怠慢。不久，即查出助母為虐的人物，乃東門外一個官奴。劉盈遂發一道密令，將其逮捕處斬。他所能做的，僅此而已。

一波未平，一波又起。忽有太監奉太后之命，引劉盈去看「人彘」。劉盈問那太監：「何謂『人彘』？」太監難為情道：「這個……這個，我也說不上來，皇上去看了就知道了。」劉盈越發好奇，隨即跟了太監，出宮去看稀奇。太監曲曲折折，導入永巷，來到一間廁所中，開了廁門，指著裏面道：「皇上，廁內就是『人彘』哩。」劉盈留神觀看，但見一人，既無兩手，又無兩足，雙目被挖，滿臉血肉模糊。細觀，那人還有些微氣息。劉盈不由得起一身雞皮疙瘩，頭皮也立時發奓，他躲到太監身後，哆嗦著問道：「這是什麼？這是什麼？」

太監不敢挑破，敷衍道：「皇上，這裏說話不方便，回宮再說。」太監攙扶著劉盈，一路如撞鬼般，跌跌撞撞，癲癲痴痴，回到後宮。劉盈嘴唇發青，吐字已然不清，但他仍堅持問那太監：「何謂『人彘』？那廁所裏血肉模糊的是什麼東西？」那太監支支吾吾，從嘴裏擠出三個字：「戚夫人」。

太監一語未了，劉盈當即暈厥。這可嚇壞後宮上下，大家手忙腳亂，請來御醫。御醫也不慌亂，在劉盈床邊把了把脈，鎮定道：「皇上無大恙。」說著話，劉盈已慢慢睜開眼：「你們都聽著，朕無恙。只是一點，你等務必把那『人彘』解釋給朕聽。否則，就是欺君之罪。」這誰還敢怠慢？那太監趕緊上前，附耳劉盈道：「那廁所之人，戚夫人也。」劉盈不耐煩道：「這你已說過。揀著重要的說。」那太監道：「是是。太后為懲治戚夫人篡逆之罪，將其手足斬斷，眼珠挖出，兩耳熏聾，喉嚨藥啞，遂投入廁中，待她慢慢受罪而死。至於何謂『人彘』，此乃太后所命，老奴亦不解。」

聽罷，劉盈失聲慟哭：「好一位狠心的母后，竟令我先父愛妃，死得這般慘痛！」御醫與太監等勸慰道：「皇上說話可要小心，太后知道了，連累大家吃苦。」劉盈怒道：「你等也忒無心肺，如此治罪於人，是人幹的事嗎？」自此，劉盈皇帝不飲不食，即哭即笑，一連病了數日，終而釀成呆痴。

太后呂雉聞知，前來探視，見劉盈痴痴呆呆，很是心疼，乃命御醫診治。呂雉走後，御醫趕緊診脈，對症下藥。劉盈接連服下幾副安神解憂藥，病情似有轉圜。恰恰又想起戚氏與劉如意母子的悲慘遭遇，再度悲泣與胡言亂語起來。呂雉遣使探問病情，劉盈生氣道：「你為朕奏聞太后，如此對待戚夫人母子，這不是人幹的事。另外，朕病情嚴重，已無力治理天下，可請太后自行主裁罷了！」太監報知呂雉，呂雉並不後悔斬殺戚氏母子，唯悔不該令劉盈去看什麼「人彘」。呂雉旋即把牙一咬，決意我行我素，不復顧及劉盈。

太后亂倫

前一九三年十月，也就是呂雉慘殺戚氏母子的第二年初冬，齊王劉肥入都朝見。王侯定期入朝，相當於進京述職。呂雉想藉這個機會，把劉肥也解決了。呂雉對曹氏與劉肥母子的怨恨，源於泗水老家。站在呂雉的角度，曹氏未婚，便給劉邦生養子嗣，那是頗為不名譽的事。這倒也罷了，曹氏怎麼說，也在她呂雉的前面，先事劉邦。可惱者，劉邦與她呂雉結了婚，劉邦竟然還是三天兩頭，泡在曹氏那裏，與他們母子，共攜家庭之歡。更更可惱者，那私生子劉肥，竟然居上，在兄弟中排行老大。封國時，劉邦把最肥美的齊國，給了劉肥。所有這一切，呂雉無不記恨在心。對於曹氏與劉肥母子，她那也是勢必除之而後快。曹氏在齊國為王太后，未便入京，呂雉暫且無法予以加害。而那劉肥，當下正置身京城，卻是不可多得的除患時機。

但說劉盈，其病情時已轉圜。聞長兄劉肥入京述職，遂想起弟弟劉如意的悲慘結局。覺得自己雖不能為手足做更多，但也不能因此而徹底放手。有百分的力，絕不使九十九。劉盈拿定主意，依舊趕在母后動手前，將劉肥接入自己的宮中，待以兄禮。之後，才攜同劉肥，去謁見太后。呂雉見了劉肥，假以慰意，心中卻早已設下加害之計。

當天，劉盈為劉肥接風洗塵，呂雉上座，劉肥與劉盈哥兒倆伴以左右。劉肥入京，心無雜念。見當皇帝的弟弟對自己仁愛有加，更是無所猜忌。因而，劉盈安排他左席，他亦不推辭。這雖說是家宴，劉盈畢竟是皇帝，劉肥不該入左席。這就是劉肥的禮儀缺失，也可見他對政治常識是多麼的懵懂無知。劉盈以仁厚著稱，自然不會挑理兒。但那太后呂雉，卻心生忿恨，暗罵劉肥不顧君臣，竟敢坐在皇帝之上。赴宴之前，呂雉思慮道：「上回加害戚氏與劉如意母子，心急了些，草率了些，才把自己的親骨肉劉盈，弄得痴呆癲瘋，幾乎成個廢人，這回務必從緩行事。」可眼下，那劉肥如此不顧君臣之禮，惹惱了這位心狠手辣的呂太后，她已顧不了許多，遂以更衣為名，離席返入內寢，召心腹內侍，如此這般，交代一番。復入席間，飲宴如常。可見那呂雉，復仇心切到什麼程度。

劉盈心地純良，並未顧及母后的情緒，唯一團和氣，與長兄劉肥暢敘天倫。說到高興處，竟忽視了太后的存在。劉肥亦不設防，在劉盈的勸進下，連飲數杯。漸漸的，這哥兒倆早把君臣那道牆拆掉推平，竟彼此直呼「哥哥」云云，「弟弟」云云。呂雉怒不可遏，恨不得立時將劉肥碎屍萬段。恰其時，內侍獻上酒來。呂雉使了個眼色，內侍給劉肥斟上一杯酒。呂雉道：「這是上好的御酒，特賜予齊王的，你嘗嘗。」劉肥這才細觀，但見呂雉臉色不佳，方知冷了太后。於是，趕忙起座，從內侍手裏接過酒壺，給呂雉倒了一杯，遂提杯敬酒：「祝太后萬壽無疆。」

呂雉言稱不勝酒力，令劉肥自飲。劉肥哪敢，轉而給劉盈倒了一杯：「臣下敬上。」這會兒，劉肥也許才意識到君臣之禮。劉盈見哥哥跟自己行君臣之禮，有些受寵若驚，亦趕忙站起，與劉肥同擎酒杯：「與哥哥同飲此杯。」劉盈正要銜杯飲酒，呂雉突然伸手，將劉盈手中的酒杯打落。這立刻引起劉盈的警覺，知道酒中有毒，憤悶入座，再不多言。劉肥見呂雉舉動蹊蹺，把酒杯一撂，假稱酒力有限，謝宴而出。皇家內部的一場鴻門宴，就此不歡而散。

劉肥返回下榻的賓館，對離奇古怪的宮宴，百思不得其解。遂賄賂宮中之人，得知內侍所獻，乃鴆酒也。當下，劉肥悲喜交加，喜者，逃過一劫；悲者，身在太后的地盤，終歸插翅難飛。劉肥心想：「我若不明不白，死於京城，必連累齊國的家人。身為一家之主，一國之主，怎能束手待斃。」遂召入隨行來京的內史①，與之密商對策。內史道：「太后唯惠帝劉盈和魯元公主兩個孩子。如今大王擁城七十多座，而魯元公主只享城幾座。大王如能把一個郡的封地獻給太后，以做魯元公主的食邑，必能博得太后的歡心。您想，太后若一高興，大王不就安全了嗎？」劉肥擊案相讚：「此計甚妙。果能奏效，本王即日夜兼程，返回封地。」內史道：「效果如何，有待觀察，切不可高興過頭，失足釀禍。」次日，劉肥依計而行，上書呂雉，稱願將齊地下轄的城陽郡獻與魯元公主。為防生變，劉肥依內史之計，隔日又上書呂雉，表示願尊魯元公主為王太后，事以母禮。

關於食邑的事，咱們前面已說過。這意思很明白，齊王劉肥願意從自己的地盤上割下一塊肥肉，給自己的妹妹吃。食邑，說得難聽一點，就是吃人。呂雉當然高興自己的親生女兒去城陽郡吃人，那是多大塊肥肉呀。但有一事，讓呂雉多少有些糾結，那就是劉肥尊自己的女兒為王太后。這動議呂雉雖說十分情願，卻又覺得十分彆扭。劉肥尊自己的妹妹為母親，那自己是什麼？呂雉一高興，也顧不了許多，遂同意劉肥所請，且予以賜宴。

這回就不是宮中宴了，而是太監、宮女一大群，攜酒帶肴，就劉肥下榻的賓館擺下筵席。不大會兒，司儀喊道：「齊王接駕！」劉肥這才知道，太后呂雉、皇上劉盈、公主劉樂齊至賓館，為劉肥餞行。這是多大的榮耀，劉肥真個感慨萬千，心中作想：「真是有錢能使鬼推磨呀！」遂慌忙跪伏門外，恭迎鑾駕，直至鑾輿入門，方敢起身隨入。呂雉下輿，攜劉盈劉樂登堂就座。那劉肥也毫不含糊，先是拜過太后、皇上，再向魯元公主近前，行母子相見之禮。見跪在自己面前的哥哥，稱呼自己為王太后，劉樂美得幾乎找不到北，遂嬉皮笑臉道：「吾兒免禮。」引得一堂哄笑，把個劉肥弄得無地自容。劉盈不知哥哥妹妹有此一出，羞愧難當，恨不得找個地縫鑽進去。不過，轉念一想：

「哥哥能以此保住性命，倒也罷了。」而那呂雉見此情景，竟開懷大笑，心中暗想：「那曹氏賤人，你也有今天。看看你那窩囊兒子吧，竟下賤的跪倒在我女兒面前，一口一個王太后。這叫一個解恨！」呂雉與劉樂，漢家皇室這對母女，真個沒臉沒皮到了極致。

但看席位，呂雉上座，劉樂與劉盈一左一右，則劉肥只能以下坐相陪。在呂雉眼裏，皇帝兒子劉盈的地位，遠不如公主女兒劉樂，實在是一件匪夷所思的事。因氣氛融洽，這場另類家宴，一直吃到日落西山，方才散席。席間，劉肥趁便辭行，得到呂雉允諾。送走鑾駕，劉肥不敢怠慢，連夜趕回自己的封地齊國。

前一八六年，也就是呂雉稱制的第二年，劉肥的兒子劉章入京宿衛②，侍候呂雉，被封為朱虛侯。在呂雉張羅下，將侄兒呂祿的女兒嫁於劉章為妻。劉章這小子，也恰恰成為呂氏的掘墓人之一，為他父親當年的屈辱，報了一箭之仇。呂雉死，劉章與陳平、周勃，滅諸呂，迎立劉恒有功，封城陽王。這是後話，放下不提。

上面的事，已屬荒唐至極，可後面有更讓你瞠目結舌的。劉盈即位的第三年，剛剛二十歲。照說，他也早該婚配了。可呂雉另有打算，也就容不得兒子做主。劉樂公主先哥哥成家，生有一女，叫做張嫣。呂雉劉樂母女，都有意把這個心肝寶貝嫁給劉盈。當時，就因為張嫣太小，不便成禮，劉盈的婚事，也就擱下。劉盈並不知道，他的生母、親妹妹早已把他的婚姻安排好，讓他等自己的親外甥女張嫣，一天天長大。等到劉盈二十歲，他的外甥女張嫣也才九歲。然而，呂雉劉樂母女已是迫不及待，命太史諏吉，擇定劉盈四年元月，行立后之禮。

劉盈明知新婦張嫣乃親外甥女，且彼此年齡相差近十歲，也無可奈何。因為自己不夠強大，也只好任由母親和妹妹擺布自己的人生。至於說亂倫一層，他已是見多不怪：「那劉肥哥哥，不是認自己的妹妹劉樂為王太后的嗎？唉，我怎的託生這樣一個令人蒙羞的家庭！」

佳期至，劉樂公主與丈夫張敖，如期將自己的女兒張嫣，打造為大漢帝國第二任皇后。當然，這也是呂雉所期待的。只要保證皇帝、皇后是自家的人，至於亂不亂倫，龍鳳諧不諧歡，那就顧不得了。而這場政治婚姻的最大贏家，便是魯元公主劉樂。她嫁罷女兒，從此便有了三個耀眼的身分：大漢皇帝劉盈的妹妹、大漢皇帝劉盈的岳母、大漢皇后張嫣的親媽。別忘了，她還有一個身分，那就是齊王劉肥的王太后。嘿，這叫什麼玩意！極權使人變畜生，這話在呂雉劉樂母女身上得到很好的驗證。

寡婦今年正十三

前一八八年，二十四歲的劉盈抑鬱而亡，在位七年。劉盈的親外甥女張嫣皇后，由此成為漢室第二寡婦。漢室首席寡婦，當然是張皇后的親姥姥同時又是她的婆婆呂雉。新寡在身的張皇后，年僅十三歲。她因有位強勢的姥姥加婆婆，加之她年幼，她也就被淹沒在漢室政治生活中；就連漢室後宮的粉釵隊伍裏，也沒有她顯山露水的地方。劉盈身為漢室大帝，同樣沒沒無聞。呂雉的身影實在太大，劉盈及其之後的兩位小皇帝，都必須乖乖待在她的陰影裏，否則就只有死。

呂雉和劉樂母女很希望張嫣給劉盈生個兒子，並為這對龍鳳創造了很多生育機會。呂雉與劉樂母女犯了一個常識性錯誤，那就是張嫣尚未發育，如何給皇上生兒育女？真可謂利令智昏。好在後宮女人很多，她們都肩負為皇帝傳宗接代的職責，劉盈也就不至於絕嗣。這也給呂雉機會，她暗中將後宮嬪妃所生的男孩，悄悄納入張皇后房中，佯稱是張皇后所生，立為太子。呂雉怕太子生母漏洩機關，索性把她殺死，以絕後患。這是呂雉的算計，假使日後，張皇后自己生了兒子，再改立不遲。劉盈早逝，呂雉的如意算盤泡湯。無奈，她只好立偽太子為皇帝，史稱少帝。這個可憐的孩子，叫做劉恭。十三歲的張嫣皇后躍為太后，呂雉躍為太皇太后。

劉恭做了三四年的傀儡皇帝，從近侍那裏聽到一些傳聞，約略知道自己的身世。畢竟是個孩子，不知深淺，張口即言：「太皇太后殺死我生母，待我長大，總要報仇！」呂雉聞報大驚，遂起歹心，令人誘劉恭至永巷幽禁，另行擇立皇帝。注意永巷這個地方，籍籍無名，卻被呂雉連連用來處置敵手。前文所述的戚氏，就慘死於此。這回，輪到了小皇帝劉恭。嚴厲的幽禁之下，劉恭這孩子還活得了嗎？

呂雉乃衛冕女皇，廢個皇帝，易如反掌。幽禁劉恭的同時，她發一道敕書，言稱小皇帝劉恭多病，無法為帝國秉政，特令大臣擬議賢君。陳平等老一代革命家，見風使舵，一意逢迎，率先低眉，引領僚屬，伏闕上書：「太皇太后為天下著想，改立賢君，臣等敢不奉詔！」從丞相到大臣，趨炎附勢的跪了一地，但等呂雉發話。

在廢立問題上，呂雉見眾臣匍匐在她的腳下，特有成就感，乃想：「老頭子劉邦當年，廢劉盈立劉如意，此策一出，大臣一致反對，直鬧得滿城風雨，讓老頭子下不來臺。最終，老頭子只好向大臣低頭。大丈夫、高皇帝，說一不一，那叫一個顏面掃地。而今咱一個婦道人家，卻令當年拋頭顱灑熱血的老傢伙們匍匐在地，且在廢立問題上，說一不二。爽！」

想到這些，呂雉蔑視地笑了一下，遂道：「你等下去商量商量，議定人選，上報即可。」眾臣退下，來到閣僚辦公室，議論紛紛，不知推選何人繼任皇位。陳平板著臉嚴肅道：「這是臣下可以討論的事嗎？太皇太后說讓我等推選，那不過客氣客氣，走個程序。想必太皇太后早已有屬意的人選，只不過要通過臣下的口說出。」眾臣道：「此言不虛，只是如何知道太皇太后的想法呢？」陳平笑道：「這有何難？」遂授意內侍，探明呂雉屬意的人選，為劉盈與嬪妃所生的劉弘。

次日早朝，陳平等大臣上書，奏請太皇太后：「臣等議立劉弘為帝。」呂雉納議如流，准了。於呂雉而言，這等於自己恩准了自己的選擇。這蹩腳的政治把戲，猶如專制下的選舉，上峰敲定一個唯一人選，交由奴才代表人民去投票。完了，獨裁者告訴他治下的人民，說本屆政府由人民選出。這爛招兒，兩千多年前的呂雉老娘們早就使過了，可今之專制體制下的老男人們，仍在使用。老男人亦步亦趨於老娘們，丟人現眼吶！

諸呂起落

劉弘即位，呂雉依舊臨朝稱制。呂雉為帝國掌舵人，私意娘家人，那是一定的。中國人常講，嫁雞隨雞，嫁狗隨狗。這是說丈夫活著的時候，丈夫死了，就不一定了，對強勢女人而言，尤其如此。呂雉死了丈夫，她要掌理帝國大政，所依靠的有三種人：娘家人、夫家人、劉邦遺臣。你若叫一個女人從這三種人裏挑選輔佐自己的人，娘家人肯定排第一，而夫人家不是排第幾的問題，直接就是排擠、暗殺。劉盈雖是呂雉身上掉下來的肉，那是親親的兒子，然而為了權力，她楞把自己的骨肉排擠到傀儡的位置上，把丈夫的其他子侄，殺的殺，發配的發配。騰出位置，好給她的娘家人。

大家都知道陳平這個人，美男子，且足智多謀。可是這個人，總不那麼光明磊落。這一點，他似乎也有自知之明。他就曾對人說：「我這人呀，陰損招兒太多，將來會報應在後世子孫身上的。」這話果真應驗，陳平的曾孫陳何，因奪人妻，坐法棄市，以致絕嗣。

陳平如何就不磊落了呢？他這人典型的見風使舵，一看劉邦死了，呂雉掌握帝國的屠宰權，就全身心的倒入呂雉的政治懷抱中。就說劉盈皇帝剛剛駕崩那會兒，十五歲的侍中張辟疆（張良之子）去見陳平，說：「太后只有這麼一個兒子，現在死了，卻不見她用心去哭，你知道這是為什麼嗎？」陳平知道張辟疆話中有話，也不便貿然揣測，就說：「太后怕是傷心過頭所致。」張辟疆責怪道：「如何就不知這其中的深意？」陳平小心道：「實不知也。」張辟疆兩手一攤，說道：「我就直說了吧。先帝的兒子都還小，太后心上，就惦念著你們這班開國老臣。」

聞言，陳平恍然大悟，心想：「呂雉為獨攬大權，這是要對開國大臣大開殺戒呀。」想到這裏，不由得嚇出一身冷汗，遂問：「這可如何是好？」張辟疆道：「我倒有一個法兒，保你等開國大臣無恙。」陳平催促道：「請說請說。」張辟疆道：「你何不請太后叫呂臺、呂產掌南北軍大權。如然，太后心安，你等也就身安了。」我們要知道，張辟疆一個孩子家懂什麼，他說的那些話，皆由呂雉所教。陳平知道張辟疆的來頭，遂一口答應照辦。陳平為自保，次日早朝，即上書奏聞呂雉，懇請拜呂臺、呂產為將軍，分管南北禁兵③。呂雉於是納諫如流，把朝中大權，給了她的娘家人，這才開始用心哭自己的兒子來。

呂氏把京城裏裏外外的衛戍工作，接管到手。那是什麼呀？那是保衛皇都京城的軍事大權，掌握了此權，呂雉便可號令天下了。後來，呂雉又如法炮製，把封諸呂為王的意思，用私人管道傳達給臣下，讓他們在辦公會上提出，以便她繼續玩納諫如流的把戲。然而，這次卻有不同，一位大臣首先反對，說：「先帝曾召集眾臣，宰殺白馬，歃血為盟，說只要不是姓劉的封王，天下人共擊之。大家難到忘了先帝遺言了嗎？」

呂雉瞋目相視，那反對者原是右丞相王陵。此人乃劉邦欽點的丞相接班人，呂雉不好駁他，憋屈得面紅耳赤。左丞相陳平，與太尉周勃，見呂雉神色凝重，便齊聲迎合道：「先帝平定天下，曾封子弟為王，今太皇太后稱制，分封呂氏子弟，有何不可？」呂雉見陳平、周勃解圍，易怒為喜。則那王陵孤掌難鳴，不再多言。

未幾，呂雉頒令，讓王陵去給小皇帝劉弘做太傅。王陵是明白人，知道呂雉邊緣化他，遂打辭職報告，稱病引歸。詞語上把這種自覺行為，叫做知趣兒，叫做好自為之。陳平是另一種意義上的好自為之，他縱情酒色，裝瘋賣傻。後世有所謂「魏晉之風」，朝中官員為自保，整天吃喝玩樂，說話瘋瘋癲癲。皇上一看，樂壞了，心想：「朝廷命官自我墮落，他們也就喪失了篡班奪權的能力，甚好！就讓他們繼續爛下去吧，這樣大家都消停。」雖然我們不知道魏晉南北朝的官員是否效法前人陳平，但他們在為官之道上，的確具有共性。今天的專制官場亦然，上司就怕下屬清廉能幹，那樣就會對他的職位構成威脅。做下屬的碌碌無為、貪污腐化、吃喝嫖賭，上司反倒安心。這是現代版本的「魏晉之風」。

接續前話。陳平消極自保，得進右丞相。陳平留下的左丞相空缺，由審食其填補。這是呂雉藉此推動的新一輪人事變更，上黨郡守任敖是受益者之一，他得以升任御史大夫。陳平、審食其、任敖的升遷，只是一場重大人事變動的一個鋪墊。隨之而來的，是諸呂封王。先是呂雉追尊生父呂文為宣王，長兄呂澤為悼武王（其時，魯元公主劉樂已病逝，呂雉即封劉樂的兒子張偃為魯王，謚公主劉樂為魯元太后）；再就是封呂產為梁王，呂祿為趙王，呂通為燕王；再再，發展到呂產為相，呂祿為上將軍。反觀劉邦的八個兒子，沒幾年工夫，活口僅存二人，一是代王劉恒，一是淮南王劉長。至此，漢室江山，已然為呂氏全面掌控。

呂雉擔心劉呂二姓不睦，禍起蕭牆，遂令兩個家族聯姻。哪裏知道，前一八七年，六十二歲的呂雉一死，劉氏與老一代革命家陳平等奮起反擊，將呂氏一門滅族。呂氏數百口人，以血流成河的慘重代價，結束了他們的為政時代。於韓信而言，成也蕭何，敗也蕭何；於呂氏而言，成也陳平，敗也陳平。周勃也在其中，隨風搖擺。

在本節最後，我們留點空間，給審食其這個人。此人是漢朝政治生活中的一個異數。為什麼這麼說呢？就因為他的身分與左丞相一職，極不相稱。

審食其與劉邦同鄉，雖無才幹，但面目文秀，口齒伶俐，善於迎奉。劉邦常年在外鬧革命，家中無人照應，乃用審食其為舍人，叫他代理家務。用今天的話來說，審食其相當於劉邦家的勤務員。

但說這審食其在劉邦家服務，日久天長，便與呂雉眉來眼去，目逗心挑，成就露水之緣。楚漢戰爭時，審食其與劉邦父母及呂雉等，一同被項羽俘擄，羈押三年，審食其日夕不離，呂雉與審食其得以續歡。鴻溝之約簽訂後，呂雉與家人脫囚歸漢，審食其相從入關，共享富貴。不久，內戰起，劉邦率軍，與項羽前線對決。則呂雉與審食其，在大後方儼如夫妻，晝夜不捨。繼而內戰結束，劉邦稱帝。奇怪的是，於建國並無寸功的審食其，竟被封侯。

建國後，劉邦時常御駕親征，或討伐，或平叛，或鎮壓他昔日的革命戰友。總之，劉邦很少在家。這給了呂雉與審食其機會，他們時時偷寒送暖，推食解衣，做著地下夫妻。劉邦死後，呂雉與審食其恩愛加倍。審食其恃寵生驕，結連黨羽，勢傾朝野。劉盈聽說，羞忿交加，找個藉口，將審食其入獄。呂雉得知，將其救出，依舊尋歡作樂。劉盈死後，審食其這麼一個勤務員出身的人，竟得為左丞相，專制政治的荒唐，可見一斑。

①內史，西漢初期，在諸侯王國內，設此職務，掌管民政工作。

②宿衛，在禁宮中值夜班的警衛。漢制：官至二千石以上的官員，其子弟可任郎官，即皇帝近侍。

③南北禁兵，又稱南北二軍，為宮廷衛隊，南軍護衛宮中，駐紮城內，北軍護衛京城，駐紮城外。這兩支軍隊一向歸太尉兼管，呂雉時，命呂臺、呂產兄弟分領，首都兵權，由此皆歸呂氏。

美好年代的寡婦

兩漢皇室的寡婦實在多，有名的也很多，實無必要一一道來。下面幾節，我們僅就西漢另外幾位皇室寡婦，做個簡單的梳理，以便我們對漢室後宮的政治生態，有個大致的瞭解。

當我們敘述到後宮領袖的時候，往往犯難於她們的頭銜表述。一個後宮女人，當他的丈夫為王的時候，她的政治頭銜是王妃；她的丈夫是皇太子的時候，她的政治頭銜是皇太子妃；她的丈夫是皇帝時，她的政治頭銜是皇后；夫終兒及，她的政治頭銜是太后；兒終孫及，她的政治頭銜是太皇太后。因為這種情況的出現，我發現許多學者在書寫歷史時，多數時候處於混亂不清的狀況，比如呂雉，一個歷史階段，明明她已是太后，還有人把她寫作呂后；明明她已是太皇太后，仍有人把她寫作呂后或太后。讓讀者

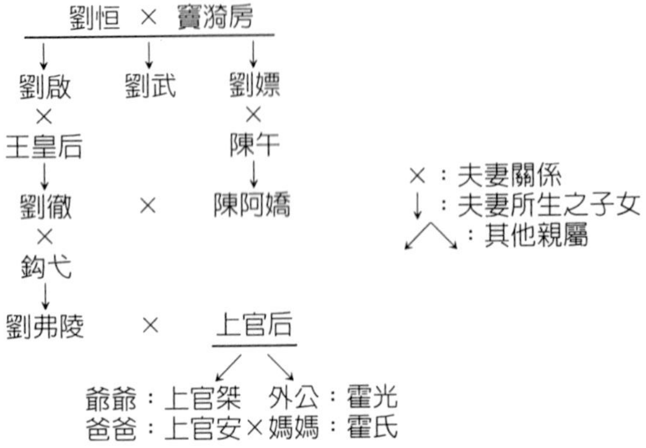

摸不著頭腦，呂雉到底是個什麼后。鑑於這一敘述的困境，我取巧，在本書的敘述中，但凡涉及後宮領袖的，除了必須提及她們的政治頭銜的，餘則一律以其姓氏或名字加以敘述。

現在說到的竇漪房，是前代郡王劉恒的妻子。以漢室寡婦而論，她不是第一，也不是第二。前面我們已經說過，呂雉第一，呂雉的外孫女張嫣皇后為第二。劉邦、劉盈父子的其他姬妾，還不算在其中。我們的敘述有個軸線，那就是，只涉及後宮領袖、準領袖，即皇后、太后、太皇太后。姬妾級別的寡婦，不作為獨立的敘述對象呈現。

劉恒與竇漪房育有兩兒一女，長子劉啟，次子劉武（前一七八年，封為代王；後改封梁王），女兒劉嫖。劉恒死後，劉啟即位，寡婦竇漪房，常以太后之尊，命劉啟皇帝如何如何。竇漪房雖未像呂雉那樣臨朝稱制，做帝國的一把手，卻對皇權多有干預。竇漪房也許覺得，你看看，我就兩個親兒，一個為帝，一個為王，我一碗水沒端平呀。這偏激思想，讓她對小兒子總有愧疚感。依著竇漪房的意思，把皇帝劈做兩半，兩個兒子，一人一半江山，她才心安理得。這是政治，不是遊戲。可見竇漪房，只有女人情懷、女人心腸，而無呂雉那樣的政治視野。人與人的不同，是顯而易見的。

說起來，竇漪房的干預皇權，也很家庭化，就是一家人聚在一起歡宴的時候，這竇漪房藉著臉上有酒，就要求於大兒子劉啟，說：「將來你死了，就由你弟弟劉武來繼位。」劉啟在這個問題上缺乏主見，因要顯示他的孝順，加之又多喝了幾杯，便滿口答應下來。大臣知道後，就力加反對，理由是，有違宗法。劉啟耳根一軟，反悔不認此前的承諾。竇漪房大為不快，心想：「這孩子怎麼說話不算數呢！」劉武也不高興，肚裏埋怨：「哎呀哥哥呀，你怎的變卦了呀。許諾母親大人的話又反悔，那就是不孝呀。」就為這事，母子三人，打起肚皮官司，皆鬱鬱不樂。

眼見這兄終弟及的事黃了，竇漪房就拚力的給小兒子好處。竇漪房令劉啟給劉武的封地，多達四十多座城市。史載，劉武的錢和珠寶玉器，比京師的還多。劉武自己建的東苑，方圓三百餘里。這是多大的王府花園呀，劉武就在這裏招宴四方賓客，如齊人羊勝、公孫詭、鄒陽，如吳人枚乘、嚴忌，如蜀人司馬相如等，可謂稱盛一時。竇漪房又命劉啟，給劉武天子般的政治待遇，出行時，街道一律戒嚴。因為竇漪房總是要求劉啟，給劉武這給劉武那，劉啟不耐煩，乾脆不等母親下令，先就給弟弟劉武五花八門的好處，使劉武遠遠超過一個親王所應享受的待遇。從某種意義上說，劉武儼如二皇帝。兒子之間，竇漪房橫插一槓，就是她娘家，也沒有疏漏，其兄弟子侄，有三人封侯。雖比不上呂雉，可也有個好處，竇漪房死後，她娘家的人沒有遭到劉家的清算。

最後來撲撲題。為什麼說竇漪房是美好時代的寡婦呢？我們都知道，竇漪房處在漢朝最被人稱道的一個偉大時代，那就是文景之治。這個時期，竇漪房是文帝劉恒的皇后、景帝劉啟的太后。換言之，竇漪房的丈夫與兒子，是這個燦爛時期的兩個皇帝。歷史上的這位竇漪房，除上述事蹟外，別無大事可載。關於她，就說到這兒吧。

六歲的皇后

漢朝皇室關係之複雜，用文字來說，似乎越說越糊塗；用圖表來說，更加不易。何以如此？那都是親連親之故。以劉邦為例，劉家娶了呂家女兒，呂雉便千方百計的把娘家的女兒嫁給劉家。她甚至奢望，呂家女兒，世代為漢家皇后。為了鞏固這種政治聯姻，呂雉不惜亂倫。換成別姓女子當了皇后，也這麼幹。姑姑是太后，侄女是皇后的情況，歷史上也不知凡幾。西漢如此，慈禧一朝，也如此。這種政治姻緣並不牢固，因為他們每時每刻都存在權力之爭，而且這種爭奪，刀刀見骨，血流成河。

既然我們眼下說的是漢家寡婦，也就收住筆墨，不使節外生枝，那就還說漢家寡婦。前面已經說過呂雉、張嫣、竇漪房三位寡婦了，再來說一位上官氏。說到這位花季寡婦，必須釐清她所處的漢室關係，不然，作者把自己都繞進去，如何給讀者講清其中的經緯？

說上官氏，須從劉徹說起。從竇漪房那裏論起，劉徹管竇漪房叫奶奶。到劉徹這裏，漢朝產生了四位可圈可點的皇帝，如下：劉邦→劉恒→劉啟→劉徹；關係是：太祖→祖父→父親→兒子。祖孫四代，約七十年，打下漢室基礎。劉徹有個響噹噹的號，叫做漢武大帝。他英雄一世，夢想著身後，依舊按照他設計的方向走。什麼方向呢？起碼是皇室這一塊，他身為皇帝，沒有被外戚架空。所以，在太子的廢立問題上，頗費心思。最後，選了八歲的兒子劉弗陵，來繼承漢朝大統。

立孩子做帝國領導人，明擺著是要讓皇權旁落的。劉徹還自作聰明，立劉弗陵前，先把劉弗陵的母親賜死。那意思是，劉弗陵的媽媽沒了，也就阻止了呂雉臨朝稱制的再現。可是還有大臣呀，那八歲的孩子能對付得了嗎？劉徹依然自作聰明，安排自己的大臣霍光、上官桀、金日磾為輔政大臣。這八歲小兒不存在被架空的問題，因為他即位之始，便是個鼻涕蟲。這還用得著去架空嗎？

霍光、上官桀、金日磾三位大臣，彼此是兒女親家。照說，他們三人來輔佐一個鼻涕蟲，推動帝國的車輪前行，是沒有問題的。可我們不要忘了，極權使人變成畜生，而這三人正處在人與畜生的陡峭山脊上，一不留神，就會跌下去，鬥敗了的到陰間去做人，鬥贏了的到人間去做鬼。這三人，金日磾退出，不參與內鬥，就剩下霍光與上官桀了。

在漢朝中央政府，霍光的職務為大司馬、大將軍，上官桀為左將軍。即便不是太懂漢朝官銜的人，也能一眼看出，霍光的職權大於上官桀。不錯，大司馬是丞相之職，大將軍看似軍職，實際不負責軍事指揮，但又有最高軍銜。這麼說吧，擁有大司馬、大將軍頭銜的人，是僅次於皇帝的這麼一個角色。如果皇帝不中用，那麼擔任大司馬、大將軍職務的人，就是未冕皇帝。你說這霍光了得。

霍光又是誰呢？他就是大名鼎鼎的霍去病的弟弟。關於霍去病，我們將放在第五章來說，這裏放下不提。那麼上官桀又是誰呢？他的身世背景遠沒有霍光那麼顯赫，但他能做到左將軍，也說明他並非等閒之輩。所以說，霍光與上官桀鬥，並不是那麼容易的。更何況，霍光的女兒嫁給上官桀的兒子上官安為妻。上官安與霍光的女兒結婚，生了個女兒，名字無考，但這個女孩成為西漢最為有名的寡婦之一。本節小題曰「六歲的皇后」，說的就是她。

自劉弗陵即位，上官安便打起主意：「既然自己的父親是輔政大臣，自己的岳父霍光也是輔政大臣，那麼把自己的女兒嫁給當今皇帝，自己不就成了國丈了嗎？如然，何愁不顯貴？」上官安把想法說給老爸，上官桀同意了；又說給岳父霍光聽，結果受阻。理由是，皇帝也罷，上官安的女兒也罷，年齡都還太小。再沒有這麼充分的理由了，劉弗陵八歲，上官安的女兒才六歲。上官安做此想，可謂荒唐之極。

皇帝與其還鼻涕蟲，才把皇帝的姐姐接到宮裏，讓她照顧弟弟的生活起居。說到這裏，劉弗陵的姐姐蓋長公主又被牽出來。這位蓋長公主，也是一位寡婦。不過，她並非獨善其身，還養著一位情夫，此人叫做丁外人。蓋長公主還挺眷顧丁外人，想給他弄個侯爵什麼的。正無計可施，上官安找上門來，說：「公主不是在宮裏照顧皇帝弟弟嗎，咱們做個交易吧，你如果把我女兒弄成皇后，我保證叫你的丁外人，有個好的前程。」蓋長公主一合計，說：「這有何難？」這交易一拍即合，上官安六歲的女兒，如期而為皇后，丁外人則被封侯。世間有太多看上去不可思議的事，甚至親眼見了，都難以置信。可那就是事實，如六歲的皇后，如公主的情夫被封侯等等。

上官氏家出了一位皇后，想來可以與霍光一較高低了。於是，兩個家族，在朝廷裏展開大鬥法。最終，上官氏敗北。除了上官皇后外，全族誅滅。波及之下，御史大夫桑弘羊被殺，蓋長公主聞變自殺，丁外人被殺，上官桀黨羽，悉數捕戮。上官皇后死了爺爺上官桀，卻還有外公霍光，她得以保全。這是前八〇年的事，上官皇后時年九歲。

劉弗陵十七歲那年加禮成人，上官后十二歲。不幸的是，前七四年，二十一歲的劉弗陵去世，在位十三年。十五歲的上官皇后，從此邁入寡婦的艱苦歲月。

自霍光輔政以來，劉弗陵一朝的大小事，基本都是他說了算；等上官一族被滅，霍光成為那個時代的唯一主宰。即便是皇帝的廢立，也全出他一人的意志。劉弗陵死了，立誰做皇帝呢？霍光主張立劉徹的孫子昌邑王劉賀（劉弗陵的侄子），上官皇后隨即而為太后。劉賀荒淫無度，行為放縱，在皇帝的位置上，連一個月都沒坐滿，便被霍光給廢了，並殺掉他的群臣二百餘人，遂又立劉詢，上官皇太后轉眼被尊為太皇太后。

掐指算算，那上官氏才十五歲，便已經是太皇太后了，月餘連升兩級，成為奶奶輩。這位少女太皇太后，自十五歲守寡，到五十二歲去世（前三七年），在宮中度過了三十二年的漢家寡婦歲月，那要算是最最可憐的。

漢家老寡婦罵娘

西漢皇室，還有一位寡婦，值得一提，那就是劉奭的皇后王政君。劉奭死後，劉驁繼位，王政君為太后。王政君之所以走到政治前臺，乃因兒子劉驁不爭氣。直說了吧，這小子過於好色。

今天談起這段歷史，說王政君你不熟悉，說劉驁，你還是不熟悉。但當我們說起他們母子身邊的兩個人，你也許就恍然大悟，哦，原是這麼個關係。這兩個人是誰呢？王政君的侄子是王莽，劉驁的皇后是趙飛燕。王莽與趙飛燕是西漢史上很有名的人物，一說他們，歷史隧道，瞬間被打通。這就是歷史名人所起的坐標作用，有他們存在，我們的歷史之旅要便捷許多。

但說這劉驁，不僅寵一個趙飛燕，連趙飛燕的妹妹趙合德，亦一同寵之。這對趙氏姐妹，把個劉驁皇帝玩得團團轉。這樣一來，王政君不忙政事都不行了。王政君所處的時代，恰值西漢的衰敗期。王政君的丈夫劉奭皇帝，柔仁好儒，導致皇權旁落，外戚與宦官勢力興起。

這裏有個題外話，不得不說。因何皇帝「柔仁好儒」，便使得皇權旁落呢？難道「柔仁好儒」不好嗎？當然不是。即便以現代觀念來解釋這四個字，也是再好不過的。政治上的「柔」，就是低調、親民、妥協，不要撇吡拉嘴，一副小人得志的樣子。這也就是老子所說的三寶：「曰慈，曰儉，曰不敢為天下先。」（劉恒就是這三寶的實踐者）。這是說「柔」。至於說「仁」，就更好解釋了，不是有「仁政」這麼個詞嗎？就是說執政者，善待人民的意思。反之，則是魚肉人民的惡政。就是說普通人，說誰誰很仁義，那就是誇讚。最後的「好儒」兩字，是好學上進以及青睞學者的意思。

你看看，「柔仁好儒」四個字，如此之好，何以因它們而使皇權旁落呢？這還得說是特定環境作祟。帝制亦即專制之下，柔仁好儒已然為政客們的致命缺點，而這恰恰又是現代民主社會政客們的取勝法寶（柔是親情牌親民牌悲情牌，仁是清名，儒是有學問、有見地，有好的經濟政策進而增進就業）。在專制社會，講究的是無毒不丈夫，明爭暗鬥起來的時候，就看誰比誰狠，誰比誰手段更殘酷和更卑劣。如此惡劣的政治環境，劉奭皇帝卻在那裏玩什麼柔仁好儒，皇權不旁落才怪。也許，柔仁好儒本身就是劉奭的性格；劉盈不也因此而使皇權旁落呂氏一族的嗎？不管是性格使然，還是別的什麼原因，總之，劉奭在其位，未謀其政，西漢政治由此進入王氏時代。

回到原題。劉奭死，劉驁即位，西漢政權不可逆轉的往下坡而去。前面已說過，劉驁好色，寵趙氏姐妹。可惜的是，趙氏姐妹不能生育，又嫉妒其他妃嬪給劉驁生子，你生一個，她們姐妹便設法整死一個，以致劉驁絕後。對此，歷史上還總結出個說法，叫做「燕啄皇孫」，意思是說，趙飛燕這隻「燕子」，把劉驁一脈的傳承人，一一啄死。劉驁自己更是不爭氣，由於酒色侵骨，在他四十五歲那年，死於溫柔之鄉。說得俗一點，就是做了個風流鬼。對於太后王政君來說，劉驁這孩子忒不省心。劉驁死了，劉欣繼之。

兩漢皇室錯綜複雜的關係，往往令人頭昏眼花。即如當下說到的劉欣，便是這複雜關係中的一環。刻下，我們必須做個交代，才能說清後面的一些人和事。以元帝劉奭為坐標，他的皇后是王政君，但同時他又有兩個寵妃，傅氏與馮氏，都屬於昭儀①這個級別的。劉奭的皇后與兩個寵妃，為劉奭繁衍的後代如下：

王政君→劉驁（成帝）

傅昭儀→劉康（定陶王）→劉欣（哀帝）

馮昭儀→劉興（中山王）→劉衎（平帝）

劉驁無後，傳位於侄兒劉欣；劉欣無後，傳位於同父異母的弟弟劉衎；劉衎亦無後。到劉衎這裏，西漢的大幕基本就要落下了。

這裏要特別說說傅氏。劉康與老婆丁氏生下劉欣後，傅氏親自撫養，不使兒媳婦插手。劉康死後，劉欣繼立為定陶王，傅氏作為劉欣的奶奶，就理所當然的成為太王太后。成帝劉驁死之前，因為他無後，立儲便成為皇室焦點。大家有個基本共識，劉驁的繼承者，在劉興與劉欣之間產生。傅昭儀是個很有心計的人，她巴結上劉驁的皇后趙飛燕與驃騎將軍王根，終於使自己的孫子劉欣，立為皇太子。傅昭儀以侍奉太子劉欣的名義，得以入住長安。

劉欣即位後，尊王政君與他的奶奶傅氏為太皇太后，尊趙飛燕與自己的生母丁氏為皇太后。由此，西漢皇室出現四位太后共存的局面。四位太后就有四波外戚，王、傅、趙、丁，但傅氏最終成為皇室霸主，重用娘家子侄，自不在話下。

我們說劉驁不讓人省心，那劉欣亦然。這小子不理朝政，終日與他寵信的大司馬董賢廝混。這又扯出董賢來了，他又是何許人也？他就是劉欣的寵妃董昭儀的哥哥。劉欣與董賢，為同性戀關係。「斷袖之癖」的典故，就出自這二人。據說，有一次午睡，董賢的頭枕在劉欣衣袖上，劉欣起床時，不忍打擾董賢的美夢，便舉劍截袖，方才起床。

劉欣混到二十六歲，竟一命嗚呼。這小子亦無後！隨即，太皇太后王政君派她的侄子王莽接替董賢而為大司馬，並迎立劉衎即位。九歲的劉衎，什麼也不懂，只能任由王莽擺布。不幸的是，劉衎這孩子十四歲就死了，更談不上後嗣問題了。注意，西漢後期接連三位皇帝（劉驁、劉欣、劉衎）無後。這三位皇帝在位的三十七年間，王氏在朝廷裏的權力，得到加強與鞏固，是以有王莽崛起、王莽代漢。

說起王莽代漢，有段小插曲，跟他的姑姑太皇太后王政君有關。王政君忙政事，她一個寡婦家，哪亂得過來，要用人呀。用誰？太后、皇后用人，就只有用娘家人，王政君也不例外。因為王政君王氏一族，在西漢歷史上留下濃重的一筆，這裏就把這個家族的歷史，做個簡要的梳理。

王政君一族，為戰國田齊後裔。秦始皇統一天下，齊亡，田氏一族式微；秦亡，項羽封田安為濟北王。再後，田安失國，齊地人稱這個曾經輝煌一時的家族為「王家」。從此，「田」姓演變為「王」姓。劉徹時，王政君的祖父王賀曾任直衣繡使，後被免職，由原籍東平陵（今山東章丘西）遷往魏郡元城（今河北大名東）。

王賀的兒子王禁，乃酒色之徒，妻妾成群，育有八男四女，依序長幼，分別是：王鳳、王曼、王譚、王崇、王商、王立、王根、王逢時；王君俠、王政君、王君力、王君弟。王鳳、王崇和王政君，為一母同胞，他們的母親李氏，為王禁髮妻，也就是夫人。餘者，皆為妾。

李氏因不滿丈夫王禁過於好色，一氣之下，改適他人。王政君自小跟著爺爺王賀過，在山東時，王政君曾許配與人，但尚未結婚，未婚夫就死了。後來，東平王劉宇看上王政君，聘為姬妾，未過門，東平王也死了。按照民間的說法，王政君這女孩剋夫。可是，王禁找到的算命先生卻說：「你這個閨女呀，將來是要大富大貴的。」王禁聽了，便力加培養王政君，請家庭教師，為她授課。史籍經學、琴棋書畫，一切以貴族模式，打造王政君。

前五四年，王政君已年滿十八歲。王禁想起當年算命先生的話，便想方設法，把王政君送入宮中。出乎意料的是，王政君竟被太子劉奭看中，選入太子宮，且很快便有了身孕，於次年生下兒子劉驁。

前四九年，宣帝劉詢去世，太子劉奭即位，立王政君為皇后，封其父王禁為陽平侯。第二年，立年方五歲的劉驁為皇太子，委王禁的弟弟王弘為長樂衛尉。前四二年，王禁去世，其長子王鳳繼承爵位，擔衛尉、侍中之職。此後的王政君，把娘家人逐步引入漢朝中央政府，慢慢的，王氏一族就形成一個巨大的勢力。首當其衝的是王鳳，他借助妹妹王政君做皇后的便利，排擠中央政府裏的其他派系，乘時攬軍政大權於一身，總理朝政。

漢朝中央政府全是王家的人了，兄弟爺們間的政治分歧，開始浮出水面。這就是中國人的特點，同盟聯手鬥垮對手；然後，同盟之間又相互纏鬥；鬥垮同盟之後，本族與本族鬥。當下的王氏一族，正處於兄弟爺們間互鬥這麼一個狀態。王政君的哥哥們如王鳳與王商就相互競爭，王音與王譚也不和諧。倒是侄兒輩的王莽，事事讓王政君稱心如意，因而就多加重用。可是用著用著，發現這個侄兒竟然起了代漢之心。這下，把老寡婦王政君給惹惱了。

話說這天，王莽回宮，自思他這攝政大臣，距離天子僅一步之遙。哪一步呢？就是只差那件傳國御璽②了。其時的王莽，在朝中一手遮天，有時連他的姑姑王政君，也往往不能左右。唯可制衡的，就是傳國御璽，尚在王政君手中。傳國御璽如何在王政君手裏呢？卻原來，劉衎死後，沒有選立皇帝繼承人，那個叫劉嬰的兩歲小孩，只是候任皇帝，王莽攝政。故而，傳國御璽由太皇太后王政君代為保管。就這麼件寶貝，也眼看不保起來，因為王莽已派王舜前往長樂宮，向太皇太后王政君索取。

說到這一點，歷史上的這個王莽，實在名堂多多，他的政府在學術上，玩盡了花樣，令今天的人看起來，常常不知所云，寫起來，無從入手，更無法清晰的去表述。有攝政就應該有皇帝，然而沒有皇帝；他是攝政，卻又自稱「假皇帝」。這個「假」不是諷刺，而是代理皇帝的意思。可是臨了，他要做皇帝的時候，又令劉嬰退位。只有皇帝稱得上是退位，劉嬰既然未立，何來退位呢？這就是王莽的矛盾之處。因劉嬰未立，王莽攝政，且假皇帝，傳國御璽在太皇太后王政君手裏，這一點倒沒亂。畢竟，王政君是大漢王朝這一時期名正言順的臨朝稱制者。

王政君見王舜來討要御璽，心想：「王莽、王舜兄弟，這是要來逼宮呀。豈有此理！」遂勃然大怒：「你等父子兄弟，蒙漢厚恩，尚無報答，今受人託孤，卻趁機篡奪，真個忘恩負義！天下還有像你等兄弟這麼不仁不義的嗎？王莽要做新皇帝，叫他自製一枚御璽罷了，倒來討要這亡國璽，就不怕不吉利嗎？我乃漢家老寡婦，死在旦夕，誓與此璽共生死，你等休得妄想！」說著，涕泣不止。侍女見此情景，個個淚眼婆娑，王舜亦俯首唏噓，暗自嘆道：「唉，看姑姑這是怎麼說的！」王政君呵斥道：「我漢家老寡婦，沒有你們這等不仁不義的侄兒！」王舜改口道：「太皇太后息怒。」王政君手指王舜道：「快滾！」

王舜反倒跪下，一動不動。過了片刻，王舜勸慰道：「事已至此，何必固執己見。僵持之下，一家人鬧翻了臉，倒讓外人來笑話。我看王莽，稱帝意決。而且，他也勢必要得到這件傳國御璽。現在朝中，全是他的人，難道太皇太后能熬得過王莽嗎？」王政君沉吟半晌，索性作罷，取出傳國御璽，狠命往地上一摔，大罵道：「我漢家老寡婦將死矣，由你兄弟作孽去吧！到滅族那天，可別後悔。」王舜默不作聲，爬過去，把御璽抱在懷裏，迅即站起，匆匆而去。王莽得了傳國御璽，正式宣布建立新朝。西漢遂亡。

① 中國後宮史上有「昭儀」一說，便起自劉奭時代，它是皇帝嬪妃中的第一級。其後各朝代後宮沿用此稱，只是所處的級別位置不同。

② 這件御璽，乃前秦遺物，由嬴子嬰獻與劉邦。此後，代代相傳，至歸王莽。歷史上有所謂傳國御璽，就是這麼來的。

一場春夢

本章涉及漢室五位寡婦，皆為現實中人。最後，我們引入一位虛構的漢家寡婦孫美人。文藝作品的特點是，來源於生活，而又高於生活。因此說，文藝作品中的人與事，往往比現實生活的還要真實。

孫美人這個人物，出自曹禺的五幕歷史劇《王昭君》①，劇中說她是劉奭之前的皇帝選進宮的，來時才十多歲；如今已六十多歲，卻從未得到過任何皇帝的召幸，守活寡五十多年。孫美人在漫長的等待皇帝幸納的過程中，憂鬱成疾。她已然忘記自己的年齡，以為還是那個初入深宮的十多歲的水靈女孩。她夢想著，有朝一日，被皇帝幸納，並順理成章，成為一代皇后。為了這一天的到來，孫美人每天都精心打扮，五十多年，矢志不移。那首她喜愛的老歌，也被她唱了五十多年。歌曰：

北方有佳人，遺世而獨立。
一顧傾人城，再顧傾人國。②

可憐的孫美人，已然為白頭老嫗，一天到晚，心中卻只想著皇帝。這是孫美人自我營造的一個夢幻世界，又何嘗不是宮女採選制之使然？這一制度，葬送了不知凡幾的女孩，而身在其中的人，於潛移默化中，早已服膺專制、服膺皇帝；她們骨子裏想當然的認為，淫威加身，那是她們的榮幸與造化。

孫美人的可憐處就在於，她訓練了一隻會說話的鸚鵡。這隻鳥會說：「萬歲到了，美人接駕！」孫美人每每聽到這驚心動魄的一句，便手忙腳亂，迫不及待的叫王昭君給她扮裝。王昭君端著青銅鏡，為孫美人照前照後，照左照右。孫美人總是喜形於色，問王昭君：「髮髻夠高嗎？衣袖夠寬嗎？」直到王昭君點頭稱讚，這才開始佩戴各式首飾。曹禺的偉大就在於，他給我們設計的上述情景全都是空的，演員王昭君假裝端著銅鏡，演員孫美人假裝喬裝打扮。這意在告訴觀眾，孫美人所幻想的一切，都是空的。這是孫美人的夢，同是也是所有深宮活寡婦們的夢。

而現實生活中的那個孫美人，卻認為一切都是真的，因為她病了，她瘋了，她癲了。她沉浸在接駕的喜悅中，她說要雙明珠、金跳脫、蕙香囊、雙鴛鴦等飾物，自己沒有，王昭君也沒有。怕掃興，王昭君就謊說孫美人自己已戴上。瘋瘋癲癲的孫美人也信以為真，自賞自讚。五十多年，孫美人就這麼日復一日，重複著相同的自我虛擬的接駕故事。

不幸的是，就在孫美人垂垂老矣的時候，皇帝派黃門前來宣召她。孫美人深宮一生，這是唯一的一次被皇帝宣召，但那不是被皇帝幸納，而是被派去先帝陵。先帝託夢，說他在墳裏很是寂寞，需要從前的美人去陪。當今皇帝想起先帝封過的孫美人，最終決定，讓她去殉葬。孫美人不知就裏，問黃門去哪裏。黃門道：「去見皇帝。」孫美人聞聽，喜極過度，斷氣身亡。就是俗話說的，高興死了。而曹禺所揭示的，卻是一個深重的話題，即宮女無論地位，也無論生死，都是殉葬品而已。唐詩曰：

紗窗日落漸黃昏，金屋無人見淚痕。
寂寞空庭春欲晚，梨花滿地不開門。③

寂寞花時閉院門，美人相並立瓊軒。
含情欲說宮中事，鸚鵡前頭不敢言。④

這就是深宮活寡婦們的寫照。回頭相望，一場淒慘的春夢而已。

①曹禺的《王昭君》，係奉命之作。一九六〇年前，國務院總理周恩來曾指示曹禺，將歷代文學作品中「哭哭啼啼」出塞的王昭君，賦予「笑嘻嘻」出塞的正面形象。有了孫美人們「自是君恩薄如紙」（白居易〈昭君怨〉）的悲慘現實，王昭君毅然決然，「笑嘻嘻」出塞。我們知道，這是奉命文學，人物性格是定製的。實際的王昭君，出塞時不可能笑得出來。她的幸運就在於，她完成了作為女人的歷史使命，而漢宮裏無數的孫美人們，卻沒有這樣的機會。她們終生守活寡，直至生命的盡頭。
②李延年，〈佳人曲〉。
③劉方平，〈春怨〉。
④朱慶餘，〈宮中詞〉。

第五章
可圈可點無幾人

漢朝四百年，說起來，的確夠長的。以帝制論，立世四百年的朝代，漢朝無出其右者。照理說，時間跨度這麼長的一個朝代，應該有很多為人耳熟能詳的人物。但當我們真正走進漢朝才發現，可圈可點無幾人。在本書講到開國功臣時，劉邦他們那幫鬧革命的，也就劉邦、蕭何、韓信、張良、曹參等人，在人們的視野裏。劉邦之後，三百多年漢朝，可圈可點者至為可憐，西漢有劉恒、劉啟、劉徹祖孫三人，東漢唯開國的劉秀。東漢末年的漢獻帝，倘非有曹操這樣的政治強人挾天子以令諸侯，他是不會被歷史所銘記的。如此說來，兩漢人物志，乏善可陳。但本章仍然選出幾個代表性的人物，探尋一番他們的歷史蹤跡，以及他們羽翼下的一些人和事。

劉恒其人

即位

劉恒是劉邦的第四個兒子。他接班做皇帝，按輩分論，他屬漢室第二代。可是在他的前面，已經有了三任皇帝，那就是他同父異母的哥哥劉盈，以及劉恭、劉弘兩位侄子。按序論，到劉恒這裏，已是漢朝第四任皇帝。因為劉盈、劉恭、劉弘三位皇帝不當家，是呂雉在那裏執掌帝國大政，所以，他們也就顯得無足輕重，乃至不值一提。這才給人一個印象，劉邦之後就是劉恒。

說起來，劉恒做皇帝，也完全是僥倖。劉邦的姬妾中，除了戚氏受寵外，其他都不受待見。但這並不影響兒子們分享老爹的政治紅利，封王時，劉邦的幾個兒子大都去了不錯的地方，尤其長子劉肥，被封到齊國為王，這算是上好的待遇。唯一例外的是劉恒，被封到邊塞的代郡為王。代郡在哪兒呢？就在今天的內蒙一帶。漢朝時，這裏與匈奴為鄰，多危險呀。這算是不待見吧。可也沒有辦法，誰讓薄氏的前夫是魏王魏豹來著。想那劉邦，疑劉恒非己所出，也是說不準的事。不管怎麼說，劉恒就職代郡，做了那裏的王。可也由此因禍得福。

劉邦一死，呂雉臨朝稱制，排擠、虐殺劉邦的姬妾及兒女，薄氏與劉恒母子不在京城，躲過一劫。等到呂雉一死，周勃、陳平他們起兵，廢掉小皇帝劉弘，滅了諸呂，要找個人出來做皇帝。這時才發現，劉邦的兒子被呂雉殺得差不多了。這下犯難了，找誰呢？還算好，二十三歲的劉恒尚存人間，於是派了使節去，請他回京做皇帝。

二十多歲的劉恒，可真有城府，聽來使說讓他去做皇帝，他並沒有表現出興奮的樣子，而是淡然地安頓好來使，隨後去請教母親。薄氏給魏王做姬妾的時候，有過什麼思想意識，無從知道。但當史學家敘述到她在代郡後期之事的時候，便突兀的提到她信奉「清靜無為」理論。這很讓人摸不著頭腦，因為一個人的意識，哪能形成於一夜之間呢？它一定有個過程。但是，我們並不知道薄氏信奉「清靜無為」理論的來龍去脈，總之，她是個有思想、有主義的人。我之所以在此跟薄氏的信仰較真，是因為她的個人主義、個人信仰，對她母子的命運改變巨大，對漢朝歷史影響至深。

薄氏不是信奉「清靜無為」嗎？這理論明擺著就是讓人拋權棄財、過僧人似的生活。如然，薄氏就該幫著兒子劉恒拒絕皇權。若非如此，劉恒一旦擔此大任，清靜談不上，無為更談不上，而是有為了。但薄氏在巨大的誘惑面前，改變了她在代郡所一向奉行的「清靜無為」主義，決定讓兒子接住這天上掉下來的巨大餡餅——皇權。理論上講，這叫變通。

一個人信奉什麼主義之虛（理論是看不見、摸不著的），並不見得他就一定行什麼主義之實。理論是安慰自己糊弄別人的，行動才是犒勞自己的。這就像今天的官員，嘴上說他信奉馬列，而行動上與馬列主義，一點邊都不占。更何況，這馬列到底是個啥，即便是堅信的人，恐怕也弄不出個子丑寅卯。就算他深知其精髓，他唯一說出口的也是他內化了的狹隘馬列主義，即咱永遠一黨執政。你還不能反對，反對他的狹義馬列主義，就是反黨。誰被扣上這樣的政治帽子，只要狹義馬列主義者執政，他這一生就算完了。甚至，永陷囹圄。

所以說，中國人的理論與實際，從來都是分割開來的。薄氏就這樣，信奉的是一套，行使的又是一套。當得知自己的兒子要做皇帝時，別提她多高興，立即安排自己的弟弟薄昭去京城，一探虛實。薄昭快去快回，說無詐。劉恒這才帶著郎中令①張武、中尉②宋昌進京。

劉恒一行就京城外的渭橋歇馬，住在當地的賓館裏，觀察城內動向。周勃等發動宮廷政變的人聞報，劉恒到了渭橋，卻不肯進城，知道新主有疑慮，這才親自到城外去迎接。一見劉恒，周勃一行趕緊跪下：「臣等恭迎我主入京，秉持大政。」劉恒雖是二十多歲的年輕人，卻老成持重，也給大臣們跪下，說：「承蒙不棄，我這裏謝謝各位先生了！」周勃等趕緊起身，攙扶起劉恒：「主上切不可如此，我等怎敢受授？」史書上說劉恒仁德，大概就指這些地方，這個人處處謙恭、小心。

君臣起身，周勃把傳國御璽奉上。劉恒接了御璽，是宗法意義上的皇帝了，但他依舊不肯進城，而是在渭橋賓館，一住就是九個月。他幹什麼呢？他依舊在觀察，看看是不是什麼圈套，再或有無殺身之禍。這經驗就來自於眼前的歷史，來自於秦二世嬴胡亥斬殺手足，來自於呂雉對劉邦子嗣的大開殺戒。劉恒與母親在代郡久矣，不知京城的深淺，處處小心與防備，為周勃等所理解。劉恒就這樣，在渭橋賓館觀察了九個月，待所有文武大臣都前來匍匐在他腳下稱臣，他才宣布即位。你也許會說，劉恒也未免老成持重過了。可你再一想，性命攸關的事，一個不小心，就人頭落地了，你有幾顆腦袋可以讓人家砍著玩？所以，劉恒的謹慎是對的。看看有風險，大不了不當這個皇帝，何必冒著生命危險去搶皇冠呢？歷史上，為了這頂皇冠，不知有多少人拋了頭顱。而在皇冠面前，謹慎到劉恒這般程度的，實不多見。

劉恒登上大寶，遂封賞迎立他的大臣，並尊母親薄氏為皇太后，遣車騎將軍（一線司令）薄昭，帶著鹵薄，往代地奉迎。當然，代郡王室的人，一個不剩，悉數跟著進京，去享受至高無上的尊嚴。寫到這裏，很是感嘆人生的無常。薄氏與劉恒母子，在劉邦呂雉時代，頗受冷落。等到改天換地，需要劉邦的子嗣重返政壇時，昔日坐冷板凳的劉恒，成為唯一可以依仗的皇位繼承人。到這個份兒上，這皇帝，你劉恒不當都不成。

再說薄氏，原本是魏國國王的姬妾，魏國被劉邦一滅，她就成了亡國奴，靠著不曾褪去的美顏，給劉邦做妾。由亡國奴而不被待見的妾，薄氏搖身一變，成為大漢皇太后。命運這東西，實令人捉摸不定。

劉恒登上大寶的當天夜裏，呂雉時的傀儡小皇帝劉弘暴死。常山王劉朝、淮陽王劉武、梁王劉太三人，當時雖封王爵，皆因年幼無知，未便就國任職，仍居京邸。這三人，與小皇帝劉弘同時被殺。劉弘為劉盈的兒子，至於劉朝、劉武、劉太三個孩子是否是劉盈的兒子，歷史無考。但可以肯定的是，劉弘、劉朝、劉武、劉太四個孩子，都是劉邦的孫子。對於他們的死，劉恒睜一隻眼閉一隻眼，得過且過了。這就是說，劉恒尚未正式即位的時候，他萬般小心謹慎，待他拿到皇權，拿到掌握天下人生殺大權的時候，他也就無所顧忌了。位置使人變壞，向來如此。

就是後來的淮南王劉長之死，劉恒亦難脫干係。劉長被廢，發配蜀中。一路上，押解的兵卒，不給劉長一點吃的，直到把他活活餓死。劉恒聞信，慟哭失聲，假意道：「我只剩下這麼一個弟弟，竟不能保全，實在是問心不安。」劉恒以劉長經過的縣邑失察，加罪數十人，斬殺了事。如此一來，劉恒可謂是暴上加暴了。難怪民間歌謠云：「一尺布，尚可縫，一斗粟，尚可舂，兄弟二人不相容。」

劉恒出遊時，得聞此歌，明知暗寓諷刺，不由得長嘆道：「古時堯舜放逐骨肉，周公誅殛管蔡，天下稱為聖人，無非因他大義滅親，為公忘私。今民間作歌寓譏，莫非疑我貪淮南土地嗎？」遂追謚劉長為厲王，令劉長的長子劉安襲爵，仍為淮南王。這個時候你會問，劉恒不是信奉「清靜無為」的理論嗎，都骨肉相煎了，這哪還清靜無為？不僅不是，而且是有為過度了。

現代性

劉恒稱帝二十三年，雖有不可取的一面，但他的現代性，卻足以為今天的楷模。下面，我們就劉恒這方面的一些講話，逐一去評說。

劉恒說法：(一)「法令是治理國家的準繩，是用來制止暴行，引導人們向善的工具。如今犯罪的人已經治罪，卻還要使他們無罪的父母、妻子、兒女和兄弟因為他們而被連坐。我認為這種做法很不可取。」(二)「法令公正，百姓就忠；判罪得當，百姓就服。」(三)「施用酷刑，割斷犯人肢體，刻傷犯人肌膚，終身難癒，這是令人痛苦而又不合道德的，我認為應該廢除肉刑。」

劉恒關於法的講話，司馬遷的原文中，都有商量的語氣，而司法官員，確也有不同政見。關於刑法問題，是嚴肅而謹慎的，官員們經與皇帝一番爭執、討論，最終廢除了酷刑，包括民怨最大的連坐罪等等。遺憾的是，這只限於劉恒時代，以後酷刑如初，連坐如初。到了明朝的朱元璋時代，連坐罪到了令人髮指的地步，殺一個人，株連九族不說，還弄出個十族，連犯人的學生、村裏人，都被莫名其妙地趕盡殺絕了。專制就是這樣，為臣為民者的命運，完全繫於皇帝個人德行的好壞。所以，專制制度是世界上最缺乏安全感的一種野蠻政治。

劉恒說已：「……接到詔令後，你們都要認真想想我的過失，以及你們知道的、見到的、想到的我做得不夠的地方，懇請你們告訴我。還要推舉賢良方正，能直言極諫的人，來補正我的疏漏。趁此機會，官吏們要整頓好各自所擔任的職事，務必減少徭役和費用，是以便利民眾。」

劉恒這次重要講話，緣於兩次日蝕。漢政府沒人能解釋日蝕現象，以那時的智慧判定，老天爺一定有了什麼不高興的事。隋唐的幾位皇帝，發現天象異常，或自己做個什麼夢，就找人圓異解夢，再在現實生活中找個替身，隨後便大開殺戒。劉恒沒有這樣的流氓習性，他不找別人的問題，而是自糾，這無疑是感人的舉動。

劉恒說諫：「古代治理天下，朝廷設置進善言的旌旗和批評朝政的木牌，用以打通治國的途徑，招攬進諫的人才。現在的法令中，有誹謗領袖罪、妖言惑眾罪和顛覆政權罪，這就使大臣們不敢完全說真話了，做皇帝的也就無從瞭解自己的過失。這怎麼能招攬天下的賢良之士呢？中央政府應當廢除這些阻止言論自由的法律條款……從今以後，任何言論，一律不加審理不予治罪。」

一個皇帝倡導言論自由，並懂得言論自由對天子、對政府的好處，實在難得。可惜的是，專制政策，從來都是臨時性的，好的政策因一人而興，也因一人故去而廢。所以，帝制史上的言論自由，從來都是曇花一現。讓好政策成為常規，還必須有好的制度做保證。美國民主之所以走在世界最前列，其憲法制定二百多年不易一字，是最好的說明。

劉恒說農：「農業是天下的根本，沒有什麼比這更重要的。現在農民辛勤地從事農業生產卻還要交納租稅，使得務農和從商沒有什麼區別，這不利於農業發展。我們應當免除農田租稅，還要開闢皇帝親耕的籍田，我親自帶頭耕作，以供宗廟祭祀用的穀物。」

農耕文明時代，一個皇帝不重視農業，就等於帶領一個國家去自殺。事實上，帶動漢朝向前飛速發展的，正是劉恒積極的農業政策。歷史有種說法，稱劉恒為「天下第一農夫」。說不準，這話就出自劉恒的自美。這種稱讚無論出處，都是對劉恒的一種肯定。

劉恒說死：「天下萬物，萌芽生長，最終沒有不死的。死是世間的常理，事物的自然規律，沒有什麼可過分悲哀的。我死以後，你們服喪三天就行了（通常是三年）。三天後，繼續你們的正常生活，婚慶娛樂、飲酒吃肉等等，一概不禁。我的喪禮一切從儉，不要組織群眾到宮殿前來哀悼，以免耽誤他們的工作、影響他們的生活。下葬以後，後宮夫人，悉數遣散回各自的娘家。」

多好的遺言啊，可惜劉恒的兒子、漢朝大位的繼承者劉啟沒能聽進去。劉恒死後，劉啟徵調京城附近各縣現役士卒一萬六千人，又徵調內史所統轄的京城士卒一萬五千人，去做安葬棺槨的挖土、填土等工作。但是否劉恒就完美無缺了，也完全不是這麼回事，但看下文便知。

盛世昏君

《喻世明言》中有個故事，是講劉恒與寵臣鄧通的。書中形容劉恒喜歡鄧通，曰：「出則隨輦，寢則同榻。」意思就是，劉恒皇帝與鄧通這位大臣，同吃同住同行，真可謂恩幸無比了。可是又有個叫許負的女人，很不湊趣。這許負常被劉恒皇帝詔去談論個風水什麼的，這天閒聊的時候，正好鄧通也在。劉恒說：「許負呀，你的卦術不錯，閒著也是閒著，給鄧通看一下好了。」許負哪敢怠慢，她看了看鄧通，先是嚇了一跳，進而直言不諱道：「鄧大人呀，恕我直言，你面相呈凶，將來是要餓死的。」鄧通聞言，大為不快：「嘿！許負呀許負，咱鄧通可一向不曾得罪你，怎好拿凶言卜我？」

劉恒聽了，亦愀然不樂：「許負這是什麼話！朕寵愛的人豈能餓死？朕一句話的事，就可以叫鄧通富貴終身，何致將來餓死呢？沒有的事，別瞎卜。」許負見皇帝認真起來，嚇得面無人色，不再多言。過了幾天，劉恒復又想起鄧通餓死的凶言，遂下一道詔書，真就將蜀郡的嚴道銅礦，賜予鄧通，且准許鄧通自行鑄錢使用。用現在的話說就是，劉恒皇帝特許鄧通開鈔票印刷廠，生產出的錢，愛怎麼花就怎麼花。想來，這在世界金融史上，也是絕無僅有的一例了。

這就是劉恒，身為帝國領導人，竟如此意氣用事。中國人常說：「生死有命，富貴在天。」恰恰中國的皇帝，又被稱做天子。很顯然，劉恒皇帝這天之子，想讓誰富，還不跟鬧著玩一樣？果然，他一道聖旨出去，那鄧通可就富了。富到什麼程度？鄧通自家開錢局，想要多少錢，就鑄造多少錢。自此，「鄧通」二字，便成為財富的代名詞。中國古典文學名著中，但涉財富，必提鄧通。如《金瓶梅》中，王婆幫西門慶勾搭潘金蓮，提出個「五件俱全」的條件，第一要潘安的貌；第二要驢大行貨；第三要鄧通般有錢；第四要青春少小；第五要閒工夫。此五件，喚做「潘驢鄧小閒」。提到西門慶買官功成，詩曰：

富貴必因奸巧得，功名全仗鄧通成。

這是鄧通留給後世的印象。但在當時，鄧通唯有一顆赤膽忠心，回報劉恒帝。畢竟，劉恒帝給他的恩賜，世所不見，聞所未聞。話說這天，鄧通聽說劉恒皇帝病了，心急火燎，急忙入宮探視。入內一瞧，見劉恒腿上生了個癰疽，膿血並流。再細瞧劉恒，正在那裏疼得呲牙咧嘴，呻吟不已。鄧通心疼得淚眼巴巴：「皇上，這是怎麼說的？微臣前陣兒進宮探視的時候，皇上還好好的，這回就……」鄧通那真叫一個心疼，以至於哽咽無語。

鄧通似乎懂得一點醫術，他跪倒病榻前，捧著劉恒的病腿說：「皇上疼痛難忍，一定是叫這膿血鬧得。微臣這就把膿血吸出，以減輕皇上的病痛。」劉恒正不知鄧通如何做，那鄧通便附身啟口，對準癰疽，吮吸起來。鄧通之舉，可與勾踐③有一比。劉恒難為情道：「愛卿，膿血骯髒，這如何使得？」鄧通只顧用嘴吸取膿血，吸一口，往病榻下的銅盆裏吐一下。不大會兒，便把劉恒病腿上的膿血，吸了個乾乾淨淨。鄧通的舉動，雖說沒有立即減輕劉恒的病痛，但心理上卻得到極大安慰，遂道：「愛卿，朕撫有天下，據你看來，究竟誰最為愛朕？」鄧通不假思索道：「這還用說，太子最愛皇上。」劉恒把鄧通的話記在心裏，決定找個機會，測試一番。

翌日，太子劉啟入宮探視父皇，正值劉恒的癰血流淌，劉恒想到鄧通昨天說過的話，便對劉啟說：「你可以為朕吮去癰血嗎？」劉啟聞命，大為震驚，心想：「如此惡物，豈可用嘴吸吮？」不由得皺起眉頭，欲想推辭，又不敢違抗父命。沒奈何，劉啟屏鼻息氣，閉著眼跪下，把嘴對向那膿瘡，胡亂吮了一口，慌忙而出。剛跑到院子裏，便嘔吐不止。見此情景，劉恒看看一旁的鄧通，長嘆一聲：「昨天你還說，至愛莫如父子。可你看看劉啟這孩子，如此嫌棄父皇，這哪是父子之親？倒是鄧通你，愛朕勝如我兒。」鄧通默然無言，跪下給劉恒吸吮膿血。之後，劉啟得知父皇讓人給他用嘴吸吮膿血的怪異所為，乃由鄧通巴結而起，遂惱恨萬分，並與之結怨。

過了年餘，劉恒病逝，劉啟即位。劉啟不忘前嫌，先革去鄧通大中大夫的職銜，進而收回蜀郡的嚴道銅礦，且抄沒其家產。後來，鄧通雖得出獄，但已是家破人亡，居食無著。劉恒知道太子劉啟與鄧通不和，料想自己百年後，太子即位，不會有鄧通的好果子吃。臨終前，特地囑託女兒，也就是那位館陶長公主劉嫖，說：「朕百年後，你哥哥定然不會放過鄧通。這是朕最掛心的。記著朕的話，無論如何，你都不要讓鄧通餓死。」

劉恒死後，劉嫖記著父皇遺言，特遣人齎錢物與鄧通，作為賙濟。新即位的皇帝劉啟，也沒有忘記鄧通，他吩咐出去，不使人接濟鄧通。因此，劉嫖派人給鄧通送去的食物，被劉啟的人悉數奪去。劉嫖得知此事後，便只好偷偷摸摸的賞賜鄧通。一兩年後，劉嫖公主無暇顧及，鄧通終落得奄奄餓死。鄧通之命運，不幸被許負言中。

劉恒近臣，除了一位鄧通，還有把他扶上寶座的周勃、陳平，以及灌嬰和賈誼④。前面幾位都說過了，不必贅述。倒是青年才俊賈誼，值得一說。此人在歷史上留名，一是他給劉恒的治安策（削藩），二是劉恒把他召入未央宮，君臣二人，談鬼神之事至夜半三更。賈誼嘴裏的鬼神，有鼻子有眼，劉恒聽得入迷之極。賈誼走後，劉恒還對這位年輕的政論家佩服得五體投地，自言自語道：「朕久不見賈生，還道他不如我，今日方知，朕不及他了。」劉恒的所謂及與不及，乃指鬼神方面的見解。君臣談論了大半夜，竟是這等上不了檯面的事。

過了幾天，劉恒拜賈誼為梁王劉揖（劉恒的小兒子）的太傅。數年後，劉揖墜馬而死，三十三歲的賈誼自責沒有盡職，憂鬱而死。真正讓人們記住賈誼的，不是劉恒，也不是賈誼自己，倒是唐朝那位大詩人李商隱，他有首傳世之作，就是諷刺劉恒與賈誼談論鬼神之事的，詩曰：

宣室求賢訪逐臣，賈生才調更無論。
可憐半夜虛前席，不問蒼生問鬼神。

帝國領導人，有那麼多的事情待他去決斷處置，他卻跟一位很有才華的臣屬，臉對著臉的，談了大半夜的鬼神之事。不可否認，劉恒在歷史上是有很多好名，如親手扶犁，以天下第一農夫的姿態，鼓勵農業生產；如廢掉割鼻斷足的酷刑；如克勤克儉，他的一件袍子，穿了二十年，補了又補，沒換一件新的，而且他還穿著草鞋上班，等等。這只能說明是他個人的一點德行，而不足以以點概面，更不能就此論定他有什麼歷史貢獻。歷史對帝國領導人的要求，層面上肯定區別於普通百姓，所謂「權力有越大，責任就有多大」，講的就是這麼個道理。百姓不必有歷史責任，而帝國領導人，就必須擔當起相應的責任。靠作秀領導一個國家的人，尤其還被標榜為盛世君主，其歷史的破壞度，一點也不亞於暴君本身。對於劉恒這樣的帝國領導人，我們大可以將其稱之為盛世昏君。

① 郎中令，宮廷禁衛官司令，近似現代的祕書長。
② 中尉，近似現代的參謀長。
③ 春秋時，吳國滅越國，越王勾踐到吳國稱臣。吳王病，勾踐用范蠡之計，入宮問候，親嘗吳王的糞便，以診病情。吳王大喜，勾踐得以赦免歸越。
④ 賈誼（前二〇〇—前一六八），西漢政論家、文學家，洛陽人。十八歲即以博學能文聞名。劉恒召為博士，令他做大中大夫。賈誼與執政大臣不和，劉恒讓他去做長沙王的太傅。後又改任梁懷王的太傅。太傅：輔佐諸侯王的官員。

劉啟其人

劉啟雖在「文景之治」的歷史光環裏，但這個皇帝，除了手足相殘即平定七國之亂①，別無事蹟可供評述。不過，劉啟手下有兩個人物，可以拿來一說。

劉濞

前一五四年，七國之亂，為首者吳國國王劉濞，乃劉邦的侄子。劉濞的長子劉賢在劉恒時代，侍從太子劉啟。劉啟與劉賢是叔伯兄弟，他倆有一天飲酒下棋，發生爭執，劉啟就把劉賢殺死。你說這叫什麼事？兄弟兩下盤棋，都把命下丟了。看上去，很不可思議。不過，也從中看出，劉啟的某些為人所不齒的德行。

同室操戈，還出了人命，怎麼辦呢？凶手是太子，能怎麼辦？王子犯法與民同罪，那一向是騙人的鬼話，還能當真呀？皇室也是這麼想的，不就一條命嗎，死了就死了吧，把劉賢的屍體運回吳國，埋了即可。問題是，劉濞不這麼看，既然劉賢死在了長安，就地埋了吧。皇室與王室，雙方一來二往，裂痕越深，矛盾越大。自此，劉濞稱病，不再入朝述職。劉家內部的矛盾，就此深深埋下。

吳國處於長江下游，煎礦得銅，煮水為鹽，劉濞利用這些商業財富，減輕並替人民賦稅，深得民心。他又收容人才，接納各地豪傑。當時的觀點，造反不一定有證據，只要有叛變的能力也可以算數。所以，御史大夫晁錯就建議削藩。劉啟削藩楚、趙、膠西。三個小藩的被削，使得劉濞作反，山東的幾個王國，跟著一起反。劉啟震驚，全盤答應七國聯軍的條件。然劉濞卻說：「說什麼都晚了，我要自己當皇帝。」他哪裏是周亞夫的對手？結果兵敗被殺。叛亂平息後，劉濞的女人們最慘，弄到宮裏充當奴隸。可是，御史大夫晁錯，也在這場削藩鬥爭中，被屠滅三族。

七國被滅，劉啟趁機收回各封國的行政權和軍權，漢朝同姓子弟的王國，或除國改郡縣，或被分裂為若干小王國，王國的丞相（即行政長官），從此由皇帝委任。殘存的王國，從此有名無實；漢朝從此全面恢復秦始皇的郡縣制，漢朝中央，遂成為真正的大一統政府。

周亞夫

另一人是周亞夫，其父周勃是漢朝元老，跟劉邦一塊鬧革命的人。從他父親那裏論起，周亞夫就是官二代。他為劉啟，出師討伐七國，先後不過三個月，把活幹完，七個國王皆死。劉啟論功行賞，唯周亞夫原職不動。這也罷了，後來，有人誣陷周亞夫謀反（劉邦滅老一代革命家，也都是這類藉口），劉啟竟將其交司法機構嚴處。

說到周亞夫，順便提一下漢朝的詔獄。詔獄法庭的特徵是，犯法與犯罪無關。法官的唯一任務是運用法律條文編撰一件符合上級旨意的判決書。司馬遷不過一個中級官員而已，即令最高級官員，只要陷入詔獄系統，都不能自保。像削平七國之亂、拯救西漢王朝的救星、後來擔任宰相的周亞夫，他兒子曾購買一些紙糊的刀槍之類為葬器，預備老爹死後焚化。結果，有人告發周亞夫私藏武器叛亂，他立刻被投進詔獄。周亞夫向法官解釋，那些所謂的武器，只是冥器，死人用的。法官何嘗不知道那是冥器，但他們的任務不是追尋真相，而是執行命令，只好回答說：「你雖然沒有在地上叛亂，但很明顯的，你將在地下叛亂。」②法官如此蠻橫無理，周亞夫也只有一死。

詔獄法庭不限於直接冒犯皇帝，一件謀反案發生後，無論這件謀反案是真的，或是出於詔獄系統——誣陷的，往往千千萬萬人牽連進去，包括各色人等。像親王劉安謀反案，死於詔獄的就有數萬人。劉徹親信江充揭發的巫蠱案，死於詔獄的也有數萬人。法官對失寵了的親王、宰相、部長，都如此殘虐，任意戲弄，低級官員和平民所受到的待遇，就更可想而知了。

①東方七個封國：吳國（廣陵／江蘇揚州）、濟南國（東平陵／山東章丘）、淄川國（劇縣／山東壽光）、膠西國（山東高密）、膠東國（山東即墨）、趙國（河北邯鄲）、楚國（彭城／江蘇徐州）

②漢朝的詔獄系統，創造了兩個令人印象深刻的政治詞彙，一是「地下叛亂」，一是「腹誹」。前者已說，這裏僅注釋後者。劉徹在位時，發行了一種專門向封國詐財勒索用的「鹿皮幣」。農林部長（大農令）顏異不予苟同，但又不敢犯上，只向外翻了一下嘴唇，便立刻被投進詔獄，法官判他犯了「腹誹」大罪。什麼意思呢？就是顏異雖然沒有在言詞上反政府，但很顯然，他是在肚子裏反政府。法官如此胡說八道，那顏異也只有一死。

劉徹其人

公主劉嫖

劉徹這個人的故事，在漢朝皇帝中，是劉邦之後最多的一個。說他的事，一時之間，真不知從哪兒落筆。一個人的故事多，圍繞在他身邊的人，自然就多。想了想，就從前一五三年說起吧。這一年，劉啟立劉榮為皇太子，封劉徹為膠東王。三年後，即前一五〇年，劉啟廢劉榮，立劉徹為皇太子。

這關係便複雜起來。要知道，在帝制時代，太子的廢立，關乎政權的穩定與興衰。看上去，是皇家私事，其實，大臣都有權發表意見。咱們在第四章提到過，劉邦有意廢立太子時，許多大臣都站出來反對，劉邦只好作罷。可見，廢立皇太子，不是簡單的事。

中國人也許知道皇太子是怎麼回事，但要具體而形象，也許就未必了。皇太子就是皇儲，是帝國未來的皇帝。假如這個太子已成年，他的皇帝老爸還沒死或還沒退位，他就是帝國當之無愧的二把手。皇太子了得！所以，為了爭太子位，中國兩千多年間的各朝各代皇室，不知上演了多少血腥故事。當然，也有很多強勢皇帝，在立儲問題上，以和平方式完成，如劉徹的老爸劉啟就如此。

劉啟廢立皇太子，根源在他的姐姐劉嫖（又稱竇太主，嫁堂邑侯陳午，生有一女，芳名阿嬌）。劉嫖、劉啟姐弟，不能放在常人的生活中去審視。常人處理親情，多不會阿諛奉承，就便有物質往來，要麼是淡淡的，要麼是相互的，不存在誰上誰下。皇室成員不然，一個人當了皇帝，別說兄弟姐妹給他做臣子，就是皇帝的父母，只要沒有太上皇、太后之類的頭銜，父母也得與兒皇帝行君臣之禮。劉嫖作為皇帝劉啟的姐姐，深知這一點，她竭盡全力，去拉攏弟弟劉啟。她怎麼做的呢？歷史記載的有，她給劉啟輸送了不少美人。

你看看，姐姐給弟弟送的，不是金銀珠寶，而是美人。這要在今天，誰當了大官，當姐姐的給弟弟送去一沓二奶、小三，這多難聽。同樣的事，放在皇室，似乎就天經地義。問題是，皇帝不缺金銀珠寶，難道缺美人嗎？那當皇帝的，後宮美女，數之不盡，幸之不完，當然不缺美人。可這一招，竟然很靈，劉啟對劉嫖這個姐姐很是喜歡。弟弟好色，姐姐了然，什麼事呀。

劉嫖是聰明的，她不僅與劉啟保持密切的關係，就是劉啟身邊的女人，也是她極力籠絡的對象。劉啟的皇后薄氏沒有孩子，劉嫖自然看不上眼；劉啟的寵妃栗氏，其子劉榮被立為皇太子，劉嫖就看在眼裏，極力的去巴結。幹什麼呀？劉嫖有女兒呀，她在為自己的女兒謀取最佳位置而奮鬥。這意思你一定看明白了，劉嫖想把自己的女兒嫁給劉榮。倘然事成，那她女兒就是大漢帝國未來的皇后了。

這真是剃頭挑子一頭熱的主意，因為栗氏根本不買劉嫖的帳。也可見，這栗氏不是聰明之人，沒有足夠的視野，看清劉嫖、劉啟姐弟的關係。從劉嫖以美女賄賂劉啟我們就知道，這個公主早有算計，是那種不達目的不罷休的人。見栗氏不買帳，劉嫖又把目光鎖定王夫人。這位王美人，同樣為劉啟所寵，她雖有兒子劉徹，雖也受寵，但畢竟與栗氏比，還差著很大一步。兒子當太子還是當王，那是大不一樣的。後宮女人，無不做著「母以子貴」的美夢。王美人知道劉嫖是怎樣的公主，二人一拍即合，產生強烈的合作願望。在劉嫖的一番運作下，劉啟竟然真的廢了皇后薄氏，立王美人為皇后。繼而又廢劉榮，立劉徹為太子。王皇后兌現私下的承諾，使兒子劉徹娶劉嫖的女兒陳阿嬌為妻。金屋藏嬌的典故，就出自這個過程之中。

在血緣上，劉徹與陳阿嬌為親表姊妹，屬於近親結婚。在今天，這看做不可能，但在帝制時代的中國，尤其皇室，已然為慣例。

劉嫖公主達成既定目標，可惜的是，陳阿嬌無生育能力。劉徹有位姬妾叫衛子夫，因生兒劉據受寵。陳阿嬌氣不過，與衛子夫矛盾重重，直鬧得劉徹不快，乾脆廢了陳阿嬌，立衛子夫為皇后。所謂人算不如天算，劉嫖哪裏想得到，她苦心經營的，竟然是這樣一個結果！

下面的故事仍與劉嫖有關，說來卻是一段宮中穢聞。

劉嫖公主有一男寵，叫做董偃。董偃的母親是珠寶商，她以此身分，得便出入劉嫖家。董偃時值十多歲，常常跟著母親同行。劉嫖見董偃童年貌美，齒白唇紅，不覺心中憐愛：「這孩子幾歲了？」不等母親回答，董偃自己說道：「稟公主，小子十三歲了。」劉嫖越發喜歡起董偃，遂對其母道：「這孩子真是太聰明了，理應給他一個更好的生長環境，我來為你教育他如何？」董偃的母親聞聽此言，喜從天降，急忙應聲道：「這是咱哪輩子修來的福氣，莫非做了個白日夢？」遂掐了掐自己的胳膊，又拉過兒子董偃：「還不趕快給公主大人磕頭。」母親的話沒說完，懂事的董偃便撲通跪下去：「謝公主大人教誨。」董偃從此留在公主家，劉嫖令人教他書算，以及騎射、御車等事。

董偃聰慧過人，但凡所學，無不熟稔心中，侍奉公主，更是曲承意旨，馴謹無違。光陰荏苒，數年後，董偃年已十八，出落得標致風流。恰其時，劉嫖的丈夫堂邑侯陳午病歿，葬禮等項，劉嫖交由董偃處置。那董偃雖是剛剛成年，卻把交代之事，處理得井井有條，令劉嫖滿心歡喜。

劉嫖時年已過五十歲，因皇家華衣美食的滋養，看上去，也就三十出頭的樣子。自陳午逝世後，孤獨的劉嫖公主，日漸情移董偃。未幾，二人便眉目成情，做起鴛鴦。董偃雖不甚情願，但主人有命，也只好勉為承歡。老婦得少夫，劉嫖自然愜意，當即為董偃舉行備極奢華的成人禮。朝中官員，趨炎附勢，紛紛抵邸相賀。賀什麼？賀公主納男寵？這是多麼的有悖儒家傳統，有悖道德風尚。然而，再醜陋的事，一旦出自皇家，誰還敢二話？趨奉都唯恐不及哩。

劉嫖也不是無所顧忌，她怕人們背後嚼舌頭根子，便給董偃創造機會，讓他廣交賓客，籠絡人心，一切花費，隨意支取。董偃也毫不客氣，樂得任情揮霍，每天用去的花銷，黃金百斤，織錦千匹。名公臣卿得了好處，人人巴結董偃，把這個當朝小帥哥，奉承為董君。

後來，劉嫖年逾六十，人老珠黃，董偃厭之，乃至背地裏，去尋花問柳。董偃負情，劉嫖屢有怨言，劉徹趁機罪責董偃，將其賜死。董偃享年三十。又過了三五年，劉嫖病歿。劉徹竟將姑姑劉嫖與董偃合葬霸陵旁，很是荒謬。

人的命運不好說

上面提到的衛子夫，是如何成為劉徹寵妃的呢？說到這裏，相似的一幕出現了，姐姐劉嫖給弟弟劉啟獻美女，妹妹平陽公主（史未留名）給哥哥劉徹獻美女，她獻的是衛子夫。

插個話題。劉徹的妹妹何以稱作平陽公主呢？乃因她嫁給平陽侯曹壽為妻，故得此稱。曹壽又是誰呢？他就是開國老臣曹參的曾孫。

閒話少敘。但說這年三月，劉徹灞上祭祖，路過平陽公主家。平陽公主自然不肯錯過向皇帝哥哥獻殷勤的好機會，於是大開筵宴。席間，一班歌女彈唱起舞，就中有一女子，青絲成髻，嬌喉宛轉，引人注目。劉徹好色，凝眸審視，把那女子看得羞澀滿面。小女子知道那是皇帝，靠上去，必生富貴。於是，大著膽兒，偷眼劉徹。嘿，那劉徹什麼人，玩的就是色目傳情，心驚肉跳。這在後宮，雖則佳麗千萬，卻幾無敢挑逗皇帝的。今兒個到老妹家裏，竟有大膽女子，挑逗皇帝，這讓劉徹那個興奮，恨不得立即抱了那女子歡愛一番。然，他還沒有忘記自己是皇帝，只好耐著性子，從長計議。

平陽公主見皇帝哥哥一雙餓眼貪歌女，遂道：「陛下以為，這個歌女色藝何如？」劉徹答非所問：「她何方人氏？姓甚名誰？」平陽公主知道哥哥鍾情那歌女，遂道：「她乃平陽人氏，叫做衛子夫。」劉徹失態道：「好一個平陽衛子夫！」平陽公主心領神會，正要說什麼，劉徹先就佯稱天熱，離席去了更衣室。平陽公主喚過衛子夫，如此這般交代一番。衛子夫內心歡喜不已，照公主的吩咐，隨劉徹同入尚衣軒侍駕。到得裏面，二人把門一關，迫不及待，寬衣解帶，稠密無比。

一番雲行雨施，二人性滿意足，雙雙走出尚衣軒。平陽公主見哥哥與衛子夫滿面紅光，知道成就二人好事，遂道：「若陛下喜歡……」劉徹打斷道：「喜歡，哪有不喜歡的道理。賞金千斤！」平陽公主受寵若驚：「若陛下喜歡，情願將這衛子夫相贈。」劉徹笑納，並起身返京。臨別時，平陽公主囑咐那衛子夫道：「將來但得尊貴，勿忘我也！」衛子夫連連應諾，上車隨劉徹皇帝而去。自此，劉徹慢待皇后陳阿嬌。幾番纏鬥，阿嬌終而敗北。劉徹廢陳阿嬌，改立女奴出身的衛子夫為皇后。

說到衛子夫的身世，牽扯出一個非常複雜的關係，我們把相關的人，置於這一小節之下，做一個了斷。不如此，無以說清他們之間的關係。我們先來簡單的勾畫一個人際圖：

劉徹→平陽公主→衛子夫→衛青→霍去病→霍光

其實，還有一些人不在這個人際圖裏。下面提到時，再適時引出。

上面說了，衛子夫是劉徹的妹妹平陽公主獻上的。那麼，這衛子夫到底是平陽公主家的什麼人呢？用現在的話說，就是一位文藝女青年，或女歌手。那時可不這麼叫，而是叫做奴婢，也就是女奴。但是，這個女奴不種田，不打雜，而是以歌喉舞技供主子愉悅心情。我們說衛子夫是文藝女青年、女歌手，不過更容易讓她接近我們罷了。要知道，劉徹也愛好文藝呀，所以，他們走到一起。想來，衛子夫的受寵，多基於此。

衛子夫有個同母異父的弟弟，叫衛青，名氣沖天。今天，略有歷史認知的人，都知道這位抗匈將軍的威名。這是說他發達以後的事，衛青以前，也只是平陽公主家的男僕。衛子夫、衛青這姐弟倆，用今天的語境來表述，就是平陽公主家的服務生，可那時就得說是家奴。衛子夫唱歌跳舞，叫做藝奴；每當平陽公主出行，衛青騎馬相隨，叫做騎奴。上蒼垂憐，讓劉徹看上衛子夫，這才有了這姐弟倆後來的飛黃騰達。

再進一步追究，衛子夫、衛青姐弟倆的父母之處境，還不如他們。衛子夫與衛青為同母異父關係，他們的母親係平陽侯家的婢女，叫什麼不知道，總之她嫁給衛氏，生下三個女兒，長女叫衛君孺，次女叫衛少兒，三女叫衛子夫。後來，丈夫衛氏死了，妻子仍然帶著三個孩子在平陽侯家為奴。再後來，衛子夫的寡母與主人的男僕鄭季私通，生下衛青。

鄭季已有妻室，不能再娶，唯把衛青認領回家。當然了，這時的衛青大約已有六七歲。鄭季的妻子不能見容，讓衛青去放羊，待遇如僕。鄭家諸子不與衛青稱兄道弟倒也罷了，還一味的苛待。待衛青長成，嘗盡寄人籬下艱辛的他，決意離開鄭家，並改作衛姓。衛青遂又請生母設法，幫他找條出路。衛青的母親別無他法，只能去找平陽公主，懇請給她兒子一口飯吃。平陽公主也很好說話，就恩准了，說：「把你兒子帶來，讓我看看。」結果，一見即喜。喜在哪裏？喜在衛青帥呆了。於是，平陽公主把衛青留在身邊，做了一個騎奴。

衛青在平陽公主家做了一兩年騎奴，認識了好多朋友。其中，有位叫公孫敖的騎郎，這人比較意氣，見衛青不錯，就把他引薦到建章宮當差。這時的衛子夫已入宮，成為劉徹的側室。皇后陳阿嬌與母親劉嫖，對衛子夫奪愛的行為，恨之入骨。加之阿嬌沒有生育能力，衛子夫又懷了孕，這對母女越加恨那衛子夫。母女正愁著無法對衛子夫下手，趕巧聽說衛子夫的弟弟衛青在建章宮中當差，決定拿他出氣。劉嫖與陳阿嬌母女也真夠笨的，什麼事呀就逮捕衛青？這不是惹火燒身嗎？可她們竟然真就那麼做了。公孫敖等力加營救，衛青有驚無險。這事傳到劉徹耳裏，知道是對著自己來的，索性拔擢衛青，讓他做了建章宮的監侍中。於衛青而言，可謂因禍得福。這並非衛氏一族走運的一個終結，我略梳理了一下，且看下文。

衛子夫先封夫人，後立皇后；衛青先是太中大夫，後封侯拜將；衛長君（衛青兄長）封侍中；衛君孺嫁公孫賀①；衛少兒棄霍仲孺改適陳掌②。衛氏三姐妹衛君孺、衛少兒、衛子夫，出身卑微，卻立身榮華。看看與他們密切相關的人物，了得！三姐妹中，就算衛少兒所嫁之主最為一般，可你看看她與霍仲孺（平陽公主家吏）偷情所生的那個兒子，又是何等了得！那私生子就是漢朝大名鼎鼎的抗匈將軍霍去病。

說起霍去病，那真是戰功赫赫。此人寡言少語，善騎射，十八歲那年，便官拜侍中。衛青發現，霍去病平日的談吐雖是隻言片語，但關涉謀略時，往往切中要害。征伐匈奴時，便帶他去前線鍛鍊。果然，霍去病是個打仗的材料。出師戰捷，梟虜侯，擒虜目，斬虜首至二千餘級。一仗，即成就霍去病威名。再後來，由霍去病獨任將領，出征匈奴。前一二一年，二十三歲的霍去病出隴西（甘肅臨挑），越過焉支山（甘肅山丹東南胭脂山）五百公里，斬匈奴八千九百餘人。同年，霍去病再出隴西作戰，殺敵三萬餘人。

霍去病橫穿河西走廊，如入無人之境。戰後，在匈奴人的地盤上，建河西五郡，即酒泉、張掖、敦煌、武威、金城。因征伐匈奴有功，霍去病官至大司馬。霍去病也由此格外受劉徹喜愛，他去前線打仗，竟自帶行廚，奢靡至極。劉徹知道後，聽之任之。可惜的是，霍去病英年病逝，劉徹大悲，賜其侯爵，令其子霍嬗襲封爵位。

不及封大將軍，霍去病便撒手人寰。劉徹愛屋及烏，把大將軍的名號，封給霍去病的異母弟弟霍光。霍光這個人，第四章咱們已說過，終生未上過戰場，卻得封大將軍銜，且實際執掌漢室江山二十年之久。這正應了民間那句俚語，叫做：「有福之人不用忙，無福之人跑斷腸。」霍光就是那有福之人。

本節所涉諸人，轉了一圈，再回到平陽公主身上，就顯得特別有趣兒。平陽公主的丈夫曹壽死了，年近四十的平陽公主不肯守寡，就琢磨這朝中，可否有如意郎君。其實，公主已有屬意之人，只是不好開口，便假意召問僕從：「現在各列侯之中，誰是那最賢德之人？」僕從料知公主有改嫁之意，便把「衛大將軍」四個字，齊聲呼出。平陽公主不好意思道：「公主下嫁昔日的騎奴，這合適嗎？」僕從道：「今非昔比了。如今的衛青，姐姐做皇后，自己又是大將軍。你說這朝中，除了當今皇上外，還有誰比得了衛大將軍的尊貴呢！」

平陽公主自然知道這其中的關係，做出納諫如流的姿態，私下去找皇后衛子夫，以撮合她與衛青的好事。此時，劉徹的生母即皇太后王氏，已去世一年，平陽公主夫喪已闋，母服亦終，故著艷服，乘車入宮。平陽公主見了衛子夫，直言不諱，說：「本公主看上皇后的弟弟衛青了，想嫁給他，不知意下如何？」衛子夫雖說是皇后，可也是由平陽公主家裏走出來的人。況且，她能有今天，也多虧了這位平陽公主。衛子夫喜道：「公主說什麼意下不意下的，能高攀公主，那是衛青的造化。我這裏先替衛青謝過公主。」

待平陽公主離去，衛子夫把衛青召入宮中相商，衛青道：「姐姐所言利弊，固然重要，可我是有妻室的人，如何違背倫常。」衛子夫再三曉以利害，衛青這才答應，與皇家女兒結親。之後，衛子夫方與劉徹談起這樁婚事。劉徹心疼妹妹，就說：「大公主看上衛青，那是你們衛家上輩子修來的福分，就這麼定了。」衛青再顯貴，說穿了還是劉徹的奴才，讓他娶公主，那就是抬舉他。衛青不敢怠慢，把從前的女主人娶回家做老婆大人。人的命運，真的不好說。而當下最最不好說的，是衛青的原配夫人，沒人知道她的處境與結局。

上之所述，還不是衛青顯赫的頂峰，其人生最耀眼的時刻，是他的三個兒子封侯。要知道，衛青的三個兒子封侯時，還都是吃奶、穿開襠褲的料。這時，有個叫寧乘的待詔方士提醒衛青，說：「大將軍食萬戶，三個兒子又都了封侯，可謂位極人臣，一時無兩了。大將軍不曾想過『物極必反』的話嗎？」衛青皺眉道：「焉有不想？只是苦無高人指點迷津。」寧乘道：「大將軍得此尊榮，並非全靠戰功，更多的還是因為有個皇后姐姐。可問題是，如今你的皇后姐姐已失寵，你哪裏就能常保富貴呢？」衛青懇切道：「寧先生所言極是，但願能為衛某出謀劃策。」寧乘道：「這有何難。我聽說，如今是王夫人為皇帝新寵。當下，王夫人的老母親在帝都，未曾封賞，大將軍何不贈其千金，預結歡心。多個內援，多份保障，此後方可無慮也。」

衛青如夢方醒，謝道：「幸承指教，自當遵行。」遂納寧乘為幕僚，養在府中。同時，取黃金五百兩，遣人齎贈王夫人的母親。王夫人家母得了厚贈，便在王夫人面前美言衛青；王夫人復又轉告劉徹。劉徹心喜，轉念又一想：「衛青沒這頭腦，定有高人背後指點他。」遂把衛青召來：「贈金的事是好的，但朕很想知道，是何人替你指點迷津。」衛青只好如實稟報。

劉徹求仙若渴，齊人寧乘入都，為待詔方士。這待詔方士到底是個什麼角色呢？說得好一點，是後備人才；說得準確一點，就是裝神弄鬼煉丹求仙之人。這些待詔方士進京後，皇帝想起他們就用用，忘了他們便棄之不顧。日久天長，待詔方士的盤纏用完，因無人相顧，幾乎淪為街頭乞丐。情急之中，寧乘這才跑去給衛青支招。不料，歪打正著，驚動了劉徹，給他弄了個東海都尉幹幹。這是寧乘的命運線，正由低而高。衛氏一族的命運線呢？並沒有因為寧乘的那一小計而改變什麼。這就是中國人常說的，人倒霉的時候，喝涼水都塞牙。

天有不測風雲，人有旦夕禍福。劉徹晚年，也就是前九一年，後宮發生巫蠱③事件。劉徹派去調查巫蠱事件的人江充，與衛子夫、劉據（七歲時被冊立為太子）母子有隙，遂藉巫蠱事件陷害太子。劉據無以自明，乃矯詔逮捕江充殺之，又發賓客士卒與丞相劉屈氂等作戰，最終兵敗自殺，年僅三十七歲。

劉徹、劉據父子，因「巫蠱案」誤判翻臉，大打出手。劉徹又遣宗正劉長、執金吾劉敢，收取衛子夫璽綬，等於把她的皇后名位給廢了。衛子夫皇后把璽綬交出，大哭一場，投繯自盡。陳阿嬌皇后由巫蠱被廢，衛子夫皇后亦由巫蠱致死。衛氏家族，悉數坐罪。就是太子劉據的妃妾，也感到無路可逃，一並自盡。此外東宮屬吏，因隨同太子起兵，一律滅門。甚至任安與田仁，亦牽累其中，同日腰斬。太子劉據雖然沒能坐上皇帝的寶座，但他的孫子劉詢，後來成為皇帝。人的命運，真的不好說。

劉徹的九大罪狀

說完劉徹的家人家事，下面再來說說他的決策與執政。劉徹的老爸劉啟時代，因七國之亂，吳王劉濞被殺，另外六個王自殺。從劉邦到劉啟，共有十三個王，皆不得善終。劉徹時，各地的封王煙消雲散，但還有上百個侯（謂之諸侯），令他寢食不安。削藩最難，父輩不也把事做了嗎？這回輪到他劉徹來滅侯了，怎會心慈手軟呢。他不過比他的父親劉啟，多了些彎彎繞罷了。說起來，劉徹削除侯爵的藉口實在不足，他讓諸侯向中央政府捐獻黃金，說是修祖廟。黃金收上來了，他說：「黃金的成色不足，你們欺君，削了你等的爵位，以示懲戒。」到這時，侯也沒了，劉徹獨攬朝政，想幹什麼就幹什麼，還被淺薄者稱為什麼雄才大略，實在不通得很。

帝國的一切由一人說了算，不聽的輕則免職，重則殺頭，你看看哪個不唯命是從？這怎麼能說是雄才呢？至於劉徹的那個大略，更加不敢讓人恭維了，你看他，就為幾匹汗血寶馬，葬送了數萬人民子弟兵；你看他，窮兵黷武，壓榨百姓，直弄得民不聊生……請問，有這樣的雄才大略嗎？就劉徹而言，他不僅沒有什麼雄才大略，相反，倒有不盡的罪責，供後世口誅筆伐。我隨意揀選了劉徹的九大罪狀，羅列如下：

一、濫刑

清朝趙翼的《二十二史札記》，撰〈武帝時刑罰之濫〉一節，列劉徹刑罰，數量多、規模大、殘酷甚、持續久，對社會產生嚴重危害。文字不多，我把白話文照錄於下：

漢武帝的時候，關押的欽犯，日益增多，俸祿二千石的官員，被廷尉羈押的，百餘人，其他審理定案的，一年達到一千餘件案宗，大的牽連拘捕與案件有關的幾百人，小的幾十人，遠的幾千里，近的幾百里。罪犯帶到以後，獄吏按照案宗審問，不承認就通過拷打，得到想要的口供。京城監獄，達六七萬人，僅獄吏就增加十萬多人。可以看出當時刑罰的過度。百姓生活在這樣的時代，是多麼不幸呀！

二、告密

劉徹窮兵黷武，國庫虧空。為解決財政困難，劉徹於前一一九年，頒布徵稅令。這實際是一項額外的附加稅，商人、手工業者、高利貸者，都開始藏匿財產，虛報逃稅。前一一四年，因這項稅收政策效果不大，劉徹再次頒令，要求全國人民相互揭發告密，被舉報隱匿財產者，將沒收全部財產，還要戍邊一年。則舉報者，可以獲得被舉報人財產的一半。這樣一來，極大地鼓舞了卑劣行徑，人們爭相揭發、告密，甚至不惜誣告。

全國商賈，大都因此破產，但劉徹的財政破車，卻得到潤滑油，撈得民財以億計，田地無數。漢朝的經濟，遭到重創。更不人道的一項稅收是，三歲小孩便開始納口賦。農民交不起這人頭稅，就只好把孩子殺死。劉徹巨大的軍事耗費，以及竭澤而漁式的稅賦，將帝國的脊梁折斷。

三、斂財

劉徹南征北討，費用浩繁，連年入不敷出。民不聊生他不管，卻又想出斂財的損招兒：(1)商民所有舟車，悉數課稅。(2)政府把鑄造業、鹽業、釀造業等，收歸國有，官營官賣。(3)各地無法完成中央下達的納稅指標，劉徹就令他們把土產作為賦稅，上繳中央。中央政府再令幹部，把收上來的土特產轉賣到別處，換取現金，充入國庫。(4)劉徹在首都長安專門設置了一個官方機構，其職責就是投機倒把，與民爭利。表現為：在市場上，對各種商品，賤買貴賣，輾轉盤剝。劉徹籌集到的這些戰爭經費能順利到達前線嗎？司馬遷就說，後勤補給六十四石糧食，只有一石運達前線。可見劉徹的軍官，個個都是貪污好手。

四、誅連

劉徹橫徵暴斂，嚴刑苛法，百姓鋌而走險，嘯聚成群，做起盜賊來。劉徹發兵緝捕，無濟於事。遂又創出一種苛律：盜起而不滅的地方，上至省部級高官，下至小幹部，一律連坐處死。

五、運動

劉徹利用運動，代替組織之不足。他就對衛青說過：「一不出師征伐，便覺得天下不安。」用今天的話說，劉徹善搞運動，以此轉移視線，掩蓋國內的矛盾與問題，更掩蓋他先天不足的政治智慧。對外窮兵黷武，對內運動不斷，整個國家，時時處於動蕩之中，劉徹才顯出他的所謂「雄才大略」來。劉徹通過征伐匈奴，使自己的權力擴展到至極。毛澤東通過運動，奠定了他的神的地位。毛澤東這個人，一生唯見長於搞運動，除外別無長處可言。所以，他在人民心目中的形象，也是高大得不得了。

六、寶馬

出使大宛王國的使節向劉徹報告說，大宛王國貳師城（烏孜別克哈馬特城）有一種世界上最好的馬，名曰「汗血馬」，流出來的汗像血一樣，每天能跑五百里。劉徹來了興趣，當即派使節攜帶二十萬兩黃金去購買。同時，又用黃金鑄成一匹金馬，作為禮物，獻給大宛國王毋寡。大宛王不為所動，認為汗血馬是他們的國寶，不予出售。漢朝使節仗著大國地位，在毋寡面前，把金馬擊碎，且罵罵咧咧而去。毋寡大為憤怒，命大將郁成王，截住漢朝使節團，全部殺掉。劉徹惱怒，於前一〇二年，派出大軍，圍攻大宛首都貴山城（烏茲別克卡散賽城）。貴山城的外廓陷落，大臣們知道不能支持，只好把毋寡殺掉求和，交出所有汗血馬，任憑遠征軍選擇。遠征軍挑選了三千餘匹汗血馬，帶回首都長安。這場不光彩的侵略戰爭，造成十萬漢朝子弟兵死傷。

七、巡視

前一〇八年，劉徹巡遊各地，很多地方長官因籌備供應不及而被問責，其中兩個郡守自殺謝罪。可見後勤保障，劉徹所給予下級的壓力有多大；可見民間，已被劉徹搜管到什麼程度。劉徹回朝廷上班，大臣個個戰戰兢兢。為什麼？因為這個獨夫民賊喜歡搞恐怖政治。

八、恐怖

劉徹治下的路不拾遺，「得益於」他殘酷的法令，但凡有偷竊行為，不論大小，一律連坐論處，一次株連幾百人乃至近千人。路上有任何遺失的物品，人人見了，唯恐避之不及。不小心撿了，他一家死還不算，親戚朋友、左鄰右舍，沒個活。即便是自己的東西丟失了，也往往不敢折回頭去撿，因為那樣很容易被人誤判為貪圖別人的遺物，進而引來殺身之禍。劉徹試圖用恐怖手段，來建立道德規範，然依此而肇的，只有恐怖。

九、集權

為了鞏固皇權，劉徹重建政府，因此，漢朝史上便有了「外廷─內朝」之說。外廷指丞相，內廷指大司馬、大將軍。丞相的權力，在劉徹時代被削弱。外政由丞相負責，內政由大司馬、大將軍負責（這兩個職務，是帝制意義上的內政部長）。霍光執政的二十年，他是內朝領袖，皇帝的廢立，全憑他一句話。因為權力過大，外廷（丞相領導下的政府，即三公九卿）形同虛設，國也就成了霍氏一族的國，劉氏不過一張分文不值的招牌而已。大司馬、大將軍負責內朝，最終他連外廷也控制了。有了霍光開創的先例：內朝重外廷輕，才有後來的王莽（大司馬大將軍）篡位。這是劉徹集權種下的惡果，怪不得別人。

董仲舒求雨

上面所說，一是劉徹的家人家事，二是劉徹的罪責。對於他的大臣，我們簡述以下幾位：董仲舒、司馬遷、李陵。

先說董仲舒。我們都知道，劉徹的獨尊儒術，就來自於董仲舒這個人。這就涉及執政者的意識形態問題。周朝是一個多元時代，談不上意識形態問題，猶如今天的西方，因為文化的多元性，無法形成統一，也就不存在立場問題。意識形態，特指某種政治立場，而且高度統一。多元的，以個人為立場；單一的，以強權為立場。周朝之後，嬴政用刀槍統一了中國人的頭腦，那個刀槍，一個是實際的、看得見的，一個是意識形態的、看不見的。這兩件家什都了得，一個能砍下人的頭顱，一個能給人洗腦。其實，二者起到的效果是一樣的。所以，很是可怕。我們給嬴政的這兩個工具起一個共同的名字，可以把它叫做「焚書坑儒」——焚書是洗腦，坑儒是殺頭。厲害吧。

到了劉徹，他的意識形態似乎跟嬴政反著。你看，嬴政是殺儒家學者，劉徹是尊儒家學者，而且是獨尊儒術。實際不然，劉徹獨尊儒術，是因為儒家學者那套理論尊君抑民。嬴政焚書坑儒，燒的是書，殺的是學者，破壞力有限；獨尊儒術就不一樣了，它是利益集團對人民的集體暴政，受害的是絕大多數人。這更厲害！

可怕的是，自劉徹起，「儒教即它創立的道德觀，在上達兩千多年的時間裏，一直充當中國文明的基礎」④。所以說，獨尊儒術，構成中國傳統文化的全部。

查史，涉及董仲舒幫助劉徹定儒家為一尊之事，多一筆帶過。如此浩大而影響深遠的意識形態工程，居然找不出更多予以佐證的資料。是「定於一尊」那麼簡單嗎？黃仁宇認為，「董仲舒之尊儒，並不以尊儒為目的，而是樹立一種統一帝國的正規思想」⑤，但也找不到更多相關的證據。但看董仲舒求雨一事，才恍然大悟，其實，他還有道家的一面。也就是說，董仲舒不是純粹的孔子主義者。劉徹是不是呢？更不是，他是迷信主義者、求仙主義者、專制主義者、恐怖主義者，也許還有這主義、那主義的，總之他是各種低劣主義的混合體，但就是沒有民本主義。

劉邦祭孔也許單純得多，劉徹尊儒就不好說。從他的「集權↓極權」來分析，他尊儒是因為孔子的那套主義，能為他的專制主義提供養料。這就像毛澤東的尊馬，馬克思主義能讓他說服中國人跟他走。馬克思是誰？老百姓哪知道，領路人說他的主義好，他又是個外國人，從眾心理，便起鬨似的，就上了馬克思的道兒。馬克思都死了，信奉他的領導人還說，馬克思說了，你要如何如何，一百年不能變，然後還替馬克思給你規劃好未來二百年的路。那個洪秀全不就是這麼幹的嗎？他自稱是耶穌的弟弟，耶穌說什麼了，由他傳話給教民，教民就信了，跟著洪秀全去天國。天國就是天堂呀。可天堂也分著富人區、乞丐區。洪秀全們在富人區過著花天酒地的生活，跟他去了天堂的教民呢？依舊過著乞丐般的生活。就這樣，乞丐們還被告知，你們不要仇富，要對於自己的處境，懷持一顆禪心：「還好呀，我只是個乞丐，幸而沒有死去。」儒教裏有沒有這些東西呢？也難說。

接下來，我們看看董仲舒的出道，就全明白了。前一四一年，十六歲的劉徹即位後，在丞相衛綰的建議下，於前一四〇年舉辦了一次全國人才總選拔，為國家選拔「賢良」、「方正」、「直言極諫」等國家管理人才。這考試由衛綰建議，當然也由他來主理。衛綰是儒家學者，儒家學派人士遂天經地義地被認為是唯一的國家管理人才。一位專門研究《五經》之一《春秋》的博士董仲舒，在他的萬言試卷中，攻擊其他學派全是左道旁門，邪說妖言。他建議：「凡是不在《五經》之內的著作，以及非孔丘所傳授的書籍，應一律禁絕，不准流傳。」衛綰在考生中找到知己，心中大快，遂把董仲舒列為第一名。劉徹一個孩子家，他懂什麼，既然丞相都這麼定了，那董仲舒就是第一名。

董仲舒的意見，既然經過皇帝採納，那麼便成了國家的政策。於是，一個重大的巨變，在不聲不響中發生。

第一，祭祀部（即太常）之內所設的博士官職，原來由各學派人士分別擔任。此後，只有儒家學派才能充當，而且限制範圍，只能研究《五經》。其他學派人士，全部被驅逐，儒家遂獨霸學術中樞，定於一尊。其他學派的著作既被政府長期的視為「邪說」、「妖言」，禁止閱讀研究。至此，諸子百家只剩下一家，一家中只剩《五經》。儒家思想遂成為皇帝欽定的中國唯一的正統思想。

第二，儒家學派在祭祀部之下，創辦國立大學（太學），由博士擔任教師，傳授《五經》及孔丘思想。學生由國家供給費用，只要被認可，一經畢業，即被任命擔任地方政府官員。久而久之，儒家學派布滿了各級政府，成為一種排他性極強的儒家系統。

無獨有偶，劉徹把儒家思想定為一尊；毛澤東則把馬列主義定為一尊。一尊之下，焉能容得下其他主義。就這樣，中國在儒家一尊中，走過兩千多年。「五．四」使中國的文化進入多元時代，使中國人走出被一尊綁架的天下。豈料，炮聲隆隆，迎來一位毛澤東，中國人再次回到一尊時代，尊馬在建國後，立即演變成大規模的尊毛運動。毛澤東由人而神⑥，中國人重蹈覆轍，跌入萬劫不復的思想深淵。劉徹尊儒，使他大權在握，為所欲為；毛澤東尊馬，使他大權在握，為所欲為。兩位不同時代的領導人之為所欲為，給國家、給民族、給百姓帶來毀滅性的災難。孔子與馬克思只是極權主義者手中的敲門磚，有時更是門面裝潢，而他們真實的目的，只是一己私利，就是在有生之年，把手中的權力無限擴大。說穿了，他們就是要做那無限政府的首腦。肆虐天下，他們才有權力帶來的快感。

我見猶憐的司馬遷

下面說到的司馬遷，是人人知道的，他少年時，師從董仲舒。

司馬遷無疑是了不起的，但他有個不能讓人尊重的地方，就是為尊者諱，他諱忌父親司馬談的「談」字，在他寫《史記》的時候，但凡他人名中也有個「談」字的，他一律避父諱，將人家的名字一改了之，如張孟談，他改成張孟同、趙談他改成趙同，對歷史很不負責。但同時，他又是個可憐而脆弱的人。

這話，就涉及到前面提到過的那次宮廷政變。在巫蠱事件中，太子劉據敗而自殺。劉據曾要求當時的京城禁衛軍官任安協助。劉據作反，其對立面畢竟是當今聖上劉徹，任安夾在中間，左右為難，沒有出手相救。劉據一死，劉徹不免心疼，怪罪到任安頭上，以「坐觀成敗」，將其下獄、論斬。任安在監獄裏致信司馬遷，埋怨說，為什麼不替他在皇上面前說話。

之前，司馬遷因為李陵辯護（詳見下一分節），而被劉徹以極其流氓的手段，將他閹割。這時的司馬遷，切身體會到了劉徹的殘忍，他哪裏還敢為任安說情呢？他是誰，他自己還不知道嗎？司馬遷的〈報任安書〉，便是回信。此信分三部分：一、評價宦官；二、評價李陵；三、評價自我。但無論哪一部分，都充滿了自卑自憐的文字，可見他當時的心情有多糟。我歸納了一下，司馬遷「我見猶憐」的文字共有五處：

（一）我的身體已有損傷，即使懷著稀世之才，品行如許由、伯夷一樣高潔，終究也不能引以為榮，反倒被人恥笑而自招污辱。

（二）世上的恥辱很多，但沒有比宮刑的恥辱更大的。受過宮刑的人，沒有什麼人願意同他並列。從前，衛靈公同孔子出遊時由宦官雍渠陪乘，孔子對此感到恥辱而離開了衛國……自古以來，人們就以做宦官為恥。即使才能很平庸的人，只要有了同宦官相牽連的事，沒有不灰心喪氣的，何況是抱負遠大的知識分子呢？

（三）當初我曾列位於下大夫行列……而今身體已殘廢，做個灑掃殿階的僕人，處在猥賤之人中間，竟然想昂首揚眉，議論朝廷的是非，豈不是太小看朝廷，羞辱了當代的知識分子嗎？哎呀！像我這樣的人還能說什麼呢？

（四）做人要有尊嚴，而有尊嚴首要的不使先人受辱，其次是不使自己受辱、不為別人的臉色所辱、不為別人的言語所辱、不屈身下跪受辱、不穿囚衣受辱、不戴刑具受辱、不遭鞭打受辱、不剔去頭髮受辱、不用鐵圈束頸受辱、不毀壞肌膚砍斷肌體受辱，最下作的受辱是宮刑，這算達到頂點了！

（五）遭受宮刑，我還有什麼臉面再上父母的墳墓去呢？即使百代以後，恥辱會更加厲害罷了！因此我憂思難當，精神恍惚，出門不知到什麼地方去好。每當我想起遭受的這種恥辱，總是如坐針氈，汗流浹背，濕透衣裳！

與其說這是司馬遷給任安的信，還不如說是他的自憐書。由此可以看出，司馬遷內心深處那極度脆弱的一面。司馬遷的偉大就在於，他在自己最為脆弱、最為艱難的時候，為後世留下一部受用不盡的史學巨著《史記》。這使我想起布萊希特戲劇中的一句格言：「我弱的時候，正是我強的時候。」司馬遷所驗證的，正是這句格言。

司馬遷了不起，可是他的外孫楊惲（其父楊敞，封侯拜相），倒有令人詬病之處，即喜歡揭人隱私，打小報告。說白了，這就是小人所為。由此，結怨者多。劉詢皇帝（劉徹曾孫）時，楊惲因得罪近臣戴長樂，被貶為庶人。楊惲被革職後，不知低調，而是置辦家產，修建宅第，還經商。友人孫會宗寫信勸他低調行事，他卻藉回信之機，大發牢騷。

楊惲年輕時，便揚名朝廷。他給孫會宗回信，開頭便陰陽怪氣，說道：「我楊惲才能低劣，品行污穢，文采、道德都沒有什麼成就，幸而仰仗先人遺留下來的功業，得以充數做個近衛的郎官。恰巧碰上當時的事變，我得了爵位。……我家興盛的時候，乘坐朱輪⑦的有十位之多，我的官位在列卿，爵位是列侯，統領侍從官，參與政事。……只因我貪戀利祿，不肯自行引退，於是遭了變故，受到誹謗，我被捕不說，就連老婆孩子，也被下獄。被赦免後，我帶著老婆孩子去種地，過田園生活，置辦點家產什麼的，也會受到人們的譏議。我因犯罪削職為民，已三年矣，為什麼人們還是揪住我不放？作為莊稼人的我，勞作了一年，逢年過節，宰牛烹羊，推杯換盞，奏樂唱曲，也是正當的呀。我總還有快樂的權利吧？人說我這是縱欲，沒錯，人生幾何，何必跟自己過不去呢？誰願說什麼，就讓他說去好了。」楊惲娛樂時的歌詞是：

種地在南山，荒草真難鏟。
種上一頃豆，莢落只剩桿。

前五四年，劉詢皇帝又找個無足輕重的藉口，將楊惲腰斬。司馬遷被閹割，外孫楊惲被腰斬。就個人而言，無論品行如何，有句話是再合適不過的，那就是伴君如伴虎。虎是什麼？畜生呀。

李陵背主

王昌齡有句名詩，叫做：「但使龍城飛將在，不教胡馬度陰山。」就是讚美李陵他爺爺李廣的。史冊上說，這位「飛將軍」在與匈奴人作戰方面，乃是一位鐵骨錚錚的漢子，他一生與匈奴作戰七十多次，從不折節；其大名，每令匈奴人聞風喪膽。但就是這麼一位英雄，他的孫子李陵卻投降了匈奴，留下一大堆的罵名。

事情當然要從頭說起。前九九年，劉徹派李陵帶部隊去征伐匈奴。在對匈作戰中，劉徹任人唯親，讓他的親戚李廣利任總指揮。李廣利不學無術，庸庸碌碌，李陵不甘受其指揮，便要求帶兵五千，獨立作戰，劉徹恩准。李陵瘋了，劉徹也瘋了，五千人的軍隊進入匈奴境內作戰，這不是找死嗎？結果，李陵率領的五千人馬，遭遇匈奴的八萬精銳騎兵，漢軍戰敗，李陵被俘。劉徹以此為藉口，殺了李陵全家。這種手法實在流氓。李陵獲悉全家被殺後，便打定主意，不再歸漢。那是死路一條，也容不得他回來。這就叫：

英雄不忍流氓誤，誤將他鄉做故鄉。

劉徹那個氣！此時，李陵家也就是無門可抄、無人可斬了，否則，劉徹非把李陵家來個二度抄斬不可。也因此，劉徹心中憋下一口惡氣，正愁著不知如何化解。

一天，茬兒終於有了，劉徹召集群臣，召開了一個李陵罪行揭批會。帝國一把手之所恨，即群臣之所恨，這是集權社會的「優良傳統」之一。意外的是，群臣中竟有一個持不同政見者，他就是司馬遷。在李陵揭批會上，司馬遷說：「李陵這個人我還是比較瞭解的，他上忠皇帝，下孝父母……皇上一聲令下，他二話不說，帶上隊伍，就與幾萬敵人做殊死之戰去了。大家想想，李陵才帶著幾千人的部隊，其結果可想而知……但作為軍人，李陵為朝廷戰鬥到最後一刻，也算盡職盡責了。我猜想，李陵的投降，或有尋機將功折罪之意。」

劉徹生氣道：「你怎麼知道李陵或有尋機將功折罪之意？李陵通敵，你通李陵，司馬遷，你存心要顛覆我們的政權嗎？」這還了得，專制政權就怕這個——就怕人家有不同政見，而且把一切不同政見看得非常嚴重，並使之上升到「顛覆政權」這個大綱上去。你說一個人這樣被上綱還有好嗎？劉徹終於有了再出一口惡氣的機會，一刀把司馬遷給閹了，也算是他為戰俘辯護的報應。

從我的觀點來說，皇帝無情，政府無義，為臣者背而棄之，未嘗不是一個合適的選擇。這基於我對專制政體的充分理解，極權人物皆具反覆無常的小人性格，為臣者，稍有不慎，就會弄個身敗名裂，乃至死無葬身之地。所以，一個人在為專制政體效力的時候，要時刻想著為自己留條後路，那才是上上策。

前八七年，七十一歲的劉徹壽終正寢，我們來給這位秦始皇似的人物做個簡短的總結，他的一生是：

極端專制的一生，
窮兵黷武的一生，
漁色求仙的一生，
築宮營室的一生，
封禪巡遊的一生，
任用酷吏的一生，
暴虐人民的一生，
上下交困的一生，
內外無親的一生。

① 公孫賀，太子舍人（即門客），其父渾邪，為隴西太守，封平曲侯。後來，渾邪坐法奪封，其子公孫賀卻得侍劉徹，官升太僕。

② 陳掌，陳平曾孫，雖為尋常小吏，卻因長得帥氣而被衛少兒看中。

③ 巫蠱，即巫術的一種。恨誰，就在木人上寫下誰的名字、生辰八字之類。然後，把針扎向木人胸口及眼睛等處。一樁巫蠱活動，就此告畢。據說，這一巫術可以達到懲罰所恨之人的目的。劉徹每回生病，便疑神疑鬼，以為誰在背地裏用巫蠱詛咒他。前九一年的宮廷巫蠱事件，就害死了他喜歡的太子劉據。當時，保皇黨與太子黨，在首都大戰五天，死者數萬。

④ [美]斯塔夫里阿諾斯，《全球通史》（上海社會科學院出版社，一九九九年），頁七一。

⑤ 黃仁宇，《赫遜河畔談中國歷史》（三聯書店，一九九七年），頁一六。

⑥ 二十世紀末，傳記作家葉永烈寫了一本書，便稱做《走下神壇的毛澤東》。

⑦ 此乃漢朝王侯顯貴所乘坐的一種馬車，因朱紅漆輪，故稱朱輪。乘坐此車，可視作一種政治待遇。

東漢其事

東漢十三個皇帝，除前三任為成人，餘下十人，不是夭折，就是未成年即位。首都洛陽的政局，總是受宦官和外戚操縱。所以，當我們說起東漢的人物時，往往茫然。這裏也就只能以「東漢其事」為題，籠統的說一說那二百年的人和事。點滴而已。

隱居的瘋子

漢朝四百年，幾十位皇帝，可圈可點的，西漢也只有劉邦、劉恒、劉啟、劉徹。到了東漢，幾乎沒有一個皇帝，能給人以印象。那個漢獻帝劉協，倘非與曹操扯上關係，他注定也會淹沒在浩瀚的歷史中。

雖說東漢開國帝劉秀沒什麼事蹟可傳，但與他有關的嚴子陵，倒有一說。劉秀當上皇帝後，認識到知識分子的重要性，先就訪賢，其中就瞄準了他的同學嚴光。嚴光這個人也很搞笑，他知道自己的老同學發達做了皇帝，很想出來沾光，可又酸不溜丟的，要個面子什麼的。於是，假裝去做隱士。隱士是頗受尊重的高人，嚴光的選擇，就是既要尊重，又要榮祿。尊重有了，榮祿怎麼辦？真去做隱士，哪還有什麼榮祿。所以，嚴光大熱天披個羊皮襖，毛還朝外，跑到浙江桐廬的富春江上，去釣魚。

姜太公釣魚，那是等待他的人生際遇，明白了說，就是去迎接仕途的。嚴光呢？他釣魚也為了仕途，但不肯直截了當。大熱天反穿皮襖，目的就是讓人說他有病。等到劉秀派人來訪賢，見過嚴光的人就會說，我們這裏沒有賢者，倒有個瘋子。這多少有點注意力經濟學的味道，於是，那個被稱做瘋子的人，被皇帝請去指點江山。皇帝得了個禮賢下士的美名，瘋子也得了個大賢的美名。瘋子還說嘴，你看看，人家隱居都不得，什麼事呀。命苦呀，權且出山，胡亂應付一下吧。這就叫做沽名釣譽。

皇帝賣官

東漢末年，有位皇帝叫劉宏，這個人有兩個特點：一是喜歡侮辱他的幹部，二是賣官。他怎麼侮辱自己的幹部呢？就是讓狗戴上烏紗帽與女人交配。那意思無非罵官員是畜生，是狗娘養的。你看看，一個做皇帝的，有多損。他也不只是侮辱幹部，他還自污，稱閹人是他的父母。

劉宏賣官不是偷偷的，而是正式頒布一個詔令，且把價格標出：二千石官階，定價二千萬；四百石官階，定價四百萬；如以才德應選為官，仍須以半價或三分之一價購入。此令一頒，蠅營狗苟者，熱情高漲，紛紛集資買官。花出去的錢，總在百姓身上。一句話，只要有官做，刮地皮所得，是買官價格的千萬倍。因此，皇家賣官市場，異常火爆。劉宏見生意興隆，索性把三公九卿這類部級官銜也都拿出來賣，三公價千萬，卿價百萬。僅數月，皇宮內便堆滿金錢。

你方唱罷，我登場

在兩漢皇室，我們三度見到過竇氏的身影。西漢時，竇漪房為劉恒的皇后、劉啟的太后、劉徹的太皇太后。東漢時，一波竇氏為章帝劉炟的皇后、和帝劉肇的太后——竇太后臨朝稱制，其兄弟竇憲、竇篤、竇景手握朝綱；另一波竇氏為桓帝劉志的皇后、靈帝劉宏的太后——竇太后臨朝稱制，其父竇武為大將軍，手握朝綱。這個竇武很有意思，他做宰相，假裝廉潔，妻子衣食僅僅溫飽，暗中卻讓許多宮中美女陪他飲酒作樂，一兩個月，便貪污巨萬。

東漢自劉肇（東漢第四任皇帝，劉秀曾孫）始，太后及其娘家人執掌帝國中央大權，就像走馬燈似的，你方唱罷，我登場。這不，竇太后剛走，鄧太后即來。二十七歲的皇帝劉肇一死，其皇后鄧氏，搖身一變，而為太后，臨朝稱制十八年。鄧氏子弟，聲勢赫耀。一二一年，四十一歲的鄧太后病逝，青年皇帝劉祜親政，將鄧太后的娘家人誅殺殆盡，劉家的鄧氏時代才算結束。歷史給鄧太后的結論是：「一生執政，約束娘家人，幾無過失。」然結局依舊慘烈。鄧太后一族被滅說明，這不是執政好與壞的問題，而純是權力鬥爭。你外戚當了人家皇帝一族的家，這就是死罪。論政績，西漢的外戚呂氏、霍氏，也不可謂不大，可怎麼樣呢？劉家人反擊的時候，這兩大家族，統統滅絕。權力之間的殺伐，向來只分敵我，不問政績。

鄧氏退場，劉祜的皇后閻氏及兄弟閻顯、閻景、閻耀等粉墨登場，把持朝綱。劉祜三十二歲歸天（在位十九年），閻皇后立小皇帝而為太后，臨朝稱制。小皇帝劉懿，在位僅二百餘日病死，閻太后欲再立傀儡，被中常侍孫程擊破，閻氏家族被誅殺。孫程迎立濟陰王劉保為帝，宦官勢力遂抬頭。

閻太后一族走了，梁氏一族的身影，迅速投放過來。一三二年，貴人梁妠立為皇后，梁妠的兄弟梁冀被任命為大將軍。這一職務，早在西漢霍光時代，就演變為重要的行政職務。所以，梁冀成為漢家皇室的主宰，也就不令人感到意外。

一四三年八月，三十歲的劉保皇帝病死，在位時間與劉祜相同，也是十九年。劉保唯一的兒子兩歲的太子劉炳即位，梁皇后而為太后，並臨朝執政。一四五年春節，三歲的劉炳夭折，梁太后和梁冀立八歲的劉纘即位。劉纘因罵梁冀為「跋扈將軍」，而被鴆殺。這個倔強的孩子，在位僅一年。梁氏兄妹遂立十三歲的劉志為帝。你也許說了，東漢的皇后、太后的，怎麼全弄些孩子來當皇帝呀。這就是外戚政治的特點，只有這樣，小皇帝才好控制；把皇帝控制住了，外戚不就獨當一面地實現另一意義上的「君臨天下」了嗎？

從僅有的歷史資料可以看出，梁太后重在一個頭銜，朝政大事，主要是梁冀說了算。即便梁太后四十五歲那年去世，梁冀仍獨攬朝政，帶劍入朝。與其如此，梁冀才得封食邑三萬戶。就連梁冀的老婆孫壽①，亦得封襄城君，歲入五千萬。

梁氏一門，前後七人封侯，三女得為皇后，六女得為貴人，父子俱為大將軍，真是一時無兩，備極尊榮。然也有終結之時，一五九年，皇帝劉志命單超等率千餘御林軍，保衛梁冀府邸，令光祿勳袁盱，收梁冀大將軍印綬，降封梁冀為都鄉侯。梁冀與孫壽夫婦，倉皇失措，自盡歸西。梁冀的兒子河南尹梁胤，與叔父屯騎校尉梁讓、親從衛尉梁淑、越騎校尉梁忠、長水校尉梁戟等，盡數被拘捕；孫壽內外宗親，亦皆連坐，無論老幼，全體誅戮，棄屍市曹。梁冀弟弟梁不疑及梁蒙，先已病死，倖免追究，餘如公卿列校刺史二千石，坐死數十人。司空孫朗，因阿附梁冀，一並坐罪，減死一等，免為庶人。因高官牽涉太廣，宦官們的打擊面太大，中央政府各職位全部空缺，宦官遂成為新的權力中心。單超、徐璜、具瑗、左悺、唐衡五人被封為縣侯；單超食邑兩萬戶，後又封為車騎將軍，其他四人各食邑一萬戶，世稱五侯。唐朝詩人韓翃詩曰：「日暮漢宮傳蠟燭，輕煙散入武侯家。」簡單的理解就是，這五個太監的祖墳上冒青煙，交好運了。

劉志之後是劉宏，他同樣依靠宦官掌控中央政府的全域。他在位期間，中常侍趙忠、張讓、夏惲、郭勝、段熲、宋典、孫璋、畢嵐、栗嵩、高望、張恭、韓悝十二人，皆得封侯。劉宏皇帝常對人說：「張常侍是我爹，趙常侍是我娘。」所以，張讓與趙忠兩個閹人的勢焰，直如皇帝。

劉宏死後，袁紹把閹人全數誅滅。從此，軍閥混戰取代了漢末大規模的農民起義。東漢末代皇帝，也就是那位以「漢獻帝」尊號聞名於世的劉協，先被董卓玩，後被曹操玩，再被曹丕一腳踢下寶座，東漢遂亡。

① 孫壽是一個很特別的女人，性格淫悍，卻又時尚，諸如愁眉、啼妝、墮馬髻、折腰步、齲齒笑，都是她搞出的名堂。

第六章
理想國

西方史學家為紀念耶穌，把他的誕生之年，定義為一個新的紀元，即西元一年。也就是說，從耶穌誕生之年開始，紀元的時間，不再倒數（即由大數到小數）。這符合現代人由小及大的紀年習慣。而這個新的紀元，恰恰是東西兩漢的分水嶺。

因為心儀「西元一年」這個特殊的年份，便懷著極大的興趣，去史海探看中國，探看中國在新的紀元都發生了哪些值得觀察的事。很可惜，單就西元一年而言，我一無所獲。而圍繞這個時代，能夠讓我們眼前為之一亮的，就只有人人熟知的王莽。王莽處在一個新的紀元時代，而他的所作所為，也處處體現一個新字，包括他建立的朝代，都以「新」命名，叫做新朝。這並不是因為什麼新的紀元（那時的中國人還沒有西元意識），而是源於王莽自身。以學者的身分建立一個帝國，王莽是中華第一人。要知道王莽是怎樣的一個人，我們須退回西元前，退回到那個古老的紀元時代，看看王莽在那個時光隧道裏，都有些怎樣的作為。

天下第一好人

在前面的章節裏，我們已多次提到過王莽這個人。王莽命好，攤上一位做太后的姑姑王政君。一個人，僅有靠山還不行，你得有德行，才能幹大事。德就是人品好，行就是能力強。一個人，有了德和行，再有靠山，便具備了幹大事的條件。我們說，王莽就是這樣的一個人。

王氏子侄，在西漢中央政府裏做事的高官很多，但大都缺乏德行。倒是王莽，是個例外。這也許與王莽的身世有關。王莽的父親王曼與王政君，為同父異母關係。王曼與他的長子早逝，次子王莽便多少顯得形單影隻。也許因此，王莽的為人處事，便謹慎謙恭得多。史載王莽，事母維謹孝順；待遇寡嫂，亦體心貼意，殷勤備至；教領侄子，耐心細緻。至若侍奉伯叔，交結朋友，禮貌周全，毫無惰容。王莽勤學好問，師從沛縣人陳參，學習禮經。王莽是名副其實的皇親國戚，可他在校時的穿著，竟與那些寒士一般。當時的王侯子弟，多驕奢淫靡，獨王莽恭儉孝悌，給人留下深刻印象。

前二二年，總攬中央軍政大權的伯父王鳳病倒，王莽白天黑夜的侍疾在側，睏了就和衣而睡，醒了就繼續端屎端尿、餵食餵藥。而那藥湯，王莽必先嘗之，冷熱適度，才端給伯父。幾個月下來，王莽累得蓬頭垢面，疲憊不堪，這讓王鳳大加感動。王鳳彌留之際，對前來探視的王政君及劉驁皇帝說：「王莽之賢，世之乏見。」並囑咐，善待王莽這個自幼喪父的可憐孩子。

王鳳與王政君乃同父同母兄妹，作為太后的王政君，自然看重王莽這個懂事的侄兒。王政君喜歡王莽，兒皇帝劉驁不敢怠慢，拜王莽為黃門郎①，後遷升校尉②（二十多歲的王莽，從此踏入政壇）。叔父王商，亦稱王莽恭儉有禮，情願將自己的食邑，分賜王莽。就是朝中大臣，亦紛紛給皇帝打報告，或稱頌王莽，或舉薦王莽。前一六年五月，成帝劉驁下詔，封王莽為新都侯，食邑一千五百戶。遂又將其擢升為騎都尉、光祿大夫、侍中。年僅三十歲的王莽，躍居幾個叔叔之上，成為朝廷重臣。

得到提升後，王莽越加謙抑，折節於下，所得俸祿，悉數分贈賓客，直鬧得家無餘財。朝野知道後，越發爭相稱頌。王莽的聲望，由此迅速蓋過諸位伯父。劉驁皇帝再度獎掖王莽，授其大司馬銜，也就是享受丞相的待遇。至此，王氏家族已有五人做大司馬，九人封侯，漢朝中央政府的大權，盡歸王氏；各級地方官吏，亦出王家任命。

大司馬王莽，家徒四壁，衣食之簡陋，形如平民。有一回，王莽的母親病了，公卿列侯各遣夫人前去探視。貴婦人們無不綾羅綢緞，珠翠盈頭。然王莽的老婆王氏，卻一身平民打扮，於門前迎客。眾女賓見了，誤將王氏誤作女僕，無人予以青眼。有那細心的女賓問王氏：「大司馬夫人可好呀？」王氏道：「鄙人便是，謝謝問候。」也是謙恭至極。大司馬夫人如此簡樸謙卑，令眾女賓瞠目結舌。就是王莽家接待所用，也不過尋常人家一般，粗茶淡飯。眾女賓探視過王莽母親後辭歸，把大司馬家簡樸謙恭的新聞，傳布開來。朝野上下，人人稱讚王莽為天下第一好人。

鑑於此，西元前一年正月，朝臣上書，要求賜王莽為安漢公。問題是，皇帝賜臣下什麼爵位，應出自皇帝本人的意願，而非出自臣下所請。也就是說，這個程序不能倒著走。問題就出在這裏，朝臣請願，把程序弄倒弄擰了。為什麼會出現這樣的情況呢？只能揣測，是臣下策劃了這一請願活動。這種情況的發生，一定標明，權力出現倒置，上小下大。這當然是明擺著的事實，也用不著去分析。西元一年前後，漢朝中央政府已是王氏家族的中央政府，朝中大臣，個個匍匐在王莽腳下，他們不是為王莽賣力，而是為權力賣力。帝國的朝臣都懂得，誰有權力，誰就是爺；誰是爺，他們就是誰的奴才。這是帝國政治的規矩，相信沒有多少人甘願去破壞，除非他腦子出了問題。

既然臣下所請，給王莽加爵，皇帝沒有不准的，太后王政君也沒有不准的。王莽是誰，是她王政君的侄子，是天下第一好人，是他們王家的驕傲。母后王政君點頭，兒皇帝劉驁下旨，就准了朝臣所請之願。王莽呢？這原本就是他策劃的，他是主謀，可他卻再三再四的扭捏，給皇上上了一道又一道的書，拒絕加封。這什麼意思啊？別忘了，王莽是天下第一好人呀，他能眼裏只有爵位嗎？好人的道德標準，就是不計個人得失。他策劃請願而又不受，這種道德表演，顯然超出真正的好人範疇。但天下所標榜的道德模範，往往都是表裏不一的人。他們沽名釣譽，撈取道德模範的頭銜，目的就是獲得個人的最大利益。據說雷鋒③就是這樣的道德模範，他獲得的榮譽，遠遠大於他的虛偽；而許許多多所謂的「活雷鋒」，都從虛偽中獲得最高的獎賞，有的甚至擢升為中共委員。很是誇張。王莽無疑是這一行列最早的道德表演藝術家，他的扭扭捏捏，直讓他的姑姑王政君心生惱意，乃想：「這個侄子，裝腔作勢得太過了。」王政君遂加以訓誡，說：「用賢不避親，你就不要推託了。」嘿，真有王莽的，姑姑的話也不聽，不受也就罷了，他居然稱疾不起。

王政君左右的人說，恐怕先封另外四位大臣，王莽才肯接受封爵。這年二月，王政君下詔，把另外四位大臣封做太師、太保之類，王莽不再稱病。群臣復又上書，讓王莽接受封賞。王政君乃下詔：「以大司馬新都侯王莽為太傅，號曰安漢公，食邑二萬八千戶。」王莽這才受太傅、安漢公之號。你看看，王莽把他姑姑王政君、把朝臣玩得滴溜溜轉。玩了人家，還得讓人家佩服他，稱讚他是天下第一好人。

王莽玩得過火，惹惱了一人，她就是當今皇帝劉欣的親奶奶傅氏（第四章已提及此人）。這位太皇太后在孫子面前嘮叨說：「這個王莽，簡直虛偽透頂！」劉欣聽出奶奶的意思，就試探道：「開了他？」傅氏道：「再觀察幾日不遲。」這話傳到王莽耳朵裏，不等被免，先就請辭回家。劉欣皇帝當即恩准，特賜黃金五百斤，作為安置費。公卿大夫知道後，稱王莽持正不阿，進退以義，有古大臣之風。

王莽搬演道德模範，扭扭捏捏，王政君這做姑姑的雖然小有不快，可是當王莽去職時，她又生起傅氏的氣來。從丈夫劉奭那裏論起，她王政君怎麼也是妻，也是皇后；而傅氏，不過一妾，一昭儀，她怎敢對自己的侄子下手。這過節，王政君一直記著，她在等待反擊的時機。西元前一年八月十五日，二十六歲的劉欣皇帝病逝。王政君趁機收走御璽，並起復王莽為大司馬，領尚書事。王政君王莽姑侄，自此手握中央大權。而那位太皇太后傅氏，終成為漢朝皇室裏曇花一現的人物。

王莽既得起復，遂與姑姑王政君立劉箕子為帝。當下派車騎將軍王舜（係王音之子，王莽從弟，素得王政君喜愛），持節前去迎接。王政君時已衰老，朝中政令，皆由王莽獨斷專行。劉箕子到來，由王莽召集百官，奉太皇太后王政君詔命，擁其登基，改名劉衎。這個孩子年只九歲，不能親政，即由太皇太后王政君臨朝稱制，王莽居首輔之位。

過了幾年，王莽把尚未成年的女兒王嬿，嫁給十三歲的小皇帝劉衎。王政君也不能說什麼，好壞都是娘家人。王莽的女兒已然為大漢皇后，時為太保的王舜，又邀集幹部群眾八千多人請願，要求加封王莽為宰衡，位居上公。同時，要求賜王莽的母親為功顯君，賜王莽的兒子王安為褒新侯、王臨為賞都侯，並追加皇后聘金三千七百萬。這一切非分要求，無不是獅子大開口。但既然是漢室江山王家宰，有什麼是過分的？太皇太后王政君當即恩准，並親臨前殿，參加授爵賞金儀式。王莽率領兩個兒子入朝，他們不是來參加授爵儀式的，而是來故伎重演的。演什麼？就是他們前面屢次玩得那個謙恭辭讓。這父子三人跪在王政君和小皇帝劉衎面前，王莽說：「臣等無德無能，不敢領受厚賜。」王政君那個氣，她個老太太家，親臨授爵儀式，這虛偽透頂的侄兒，在大庭廣眾之下，楞不給她面子。王政君不及勸勉，王莽復上奏章，稱只願接受母親「功顯君」的稱號，餘皆不受。

王莽這種假崇高、假正經，演一回也許還可以，搬演第二回就會讓人作嘔；再而三，就不免讓人連苦膽都吐出來了。可就這樣，照樣有人嫌不夠，繼續推波助瀾。那人就是太師孔光，他大肆阿諛王莽，面奏王政君道：「安漢公勳德絕倫，所議封賞，尚未足以酬功。安漢公雖謙抑退讓，朝廷總要拿出酬功的決心，不要讓他的辭讓變成現實！」嘿，瞧孔光這話說的，是王莽作秀，玩弄朝野，抹黑道德，怎麼變成朝廷的錯？

王政君畢竟是個婦人家，大是大非面前，缺乏判斷。孔光如此說，她代表朝廷，她不勸勉，她不就成了壞人了嗎？一家人怎麼了，自己的侄子又怎麼了，利益面前，哪還有親情？王莽要演戲給朝廷看，給天下人看，你太皇太后也好，你當姑姑的也好，那也得配合，要讓王莽成為不可辯駁的天下第一好人。這場虛偽大戲，必須按照王莽內心的腳本，逐次搬演，演足演夠，才能收場。如今正演得如火如荼，豈可收場？王政君氣歸氣，還得依孔光之言，曉諭侄兒王莽。呀呀呀！那個王莽呀！聽到姑姑勸他接受封爵，他帶著兩個兒子，繼續叩頭涕泣，拒領封賞。這場授爵戲的開幕式，就此結束。王莽這天下第一好人，變成了實實在在的天下第一偽君子。

王政君知道侄兒王莽扭捏成性，遂再命各路大臣，前去勸勉王莽領賞，如是多回，王莽拒之。要說，誰若遇到王莽這種偽君子，他真得有超級耐心才能與之共事。王政君就有這樣的耐心，最後她又請大司徒馬宮、大司空甄豐，持節去勸王莽。王莽見朝中重臣差不多都來勸過一兩遍了，這才接受封賞。王政君大大鬆了一口氣：「我的天，這侄兒總算饒了老娘。」

授爵的戲是演完了，王莽的政治操作並未就此結束，他從追加給他女兒的三千七百萬聘金中，取出一千萬，作為回扣給了太皇太后王政君。王政君又從中取出部分，分贈後宮，所有女子，人人有份兒。我們常常把這種行為，稱之為慷國家之慨。這裏做個糾正，是慷納稅人之慨。王氏一族，拿漢朝人民的血汗錢，贈來予去，實在是不知廉恥。又一想，即便是新專制體制下的官員，他們在貪占人民的血汗錢的時候，又有誰是顧及「廉恥」二字的呢？

①黃門郎，服務於宮門之內的官員，是皇帝的近侍之臣。

②校尉，部隊長之意，地位僅次於將軍。待遇上，為兩千石，相當於省部級高官了。

③雷鋒，一九六二年八月十五日殉職，年僅二十二歲。一九六三年三月五日，毛澤東題詞：「向雷鋒同志學習」，並把三月五日定為學雷鋒紀念日。雷鋒的精神就在於，做好事不留名，然他卻把所做的每一件好事，都事無巨細的記錄在他的日記裏。細心者發現，雷鋒資助他人的總金額，遠遠超出他領取士兵津貼的總額；而他的一些模範照片，根本禁不起推敲，造假嫌疑多多。為此，有人質疑雷鋒，結果遭到毛主義者們的猛烈攻擊。

理想國

新朝

王莽努力把自己塑造為帝國道德楷模，然而，他接下來的舉動，似乎有些難以持守。話說劉衎皇帝十四歲這年，對他的岳父王莽，怨氣漸多。他聽說，王莽殺盡他舅舅家的人，如今只剩生母一人，還不許相見。如此刻毒，實難容忍。辦公會上，劉衎與王莽見面時，常露慍色，背地裏亦有怨言。

在宮中服役的人，多為王莽耳目，有人把少年皇帝的怨言，打小報告到王莽那裏。王莽乃想：「皇帝小小年紀，竟敢非議本公，將來親政，那還了得！」遂起殺心。六年二月三日，王莽進獻毒酒，將年僅十四歲的皇帝兼女婿劉衎鴆殺。劉衎年幼無嗣，太皇太后王政君特召群臣議立儲君。這也就是做個樣子給朝臣看，當下的漢室江山，是左是右、是好是壞，全憑王莽一人宰制。他的姑姑王政君，用得著，她是太皇太后，是姑姑；用不著，她在王莽這個侄兒面前，一文不值。就如那小皇帝劉衎，他說個鴆殺，不就鴆殺了嗎？滿朝文武，不是王莽的人，就是畏懼王莽淫威的人，恭維他可以，悖逆他，萬萬不敢。當王政君召集大臣，擬議皇帝繼承人的時候，王莽一句話，全結了。王莽說立兩歲的劉嬰為皇太子，他自己為攝政，沒有不同意的。是呀，不同意，也得敢呀。

八年底，王莽廢除劉嬰的皇太子之位。西漢遂亡，新朝建立。歷時二百一十年的西漢，未經流血，即實現政權更迭。西漢與新朝，死得寂然，生得平靜。難怪時間老人，幾欲忘掉這段歷史。

定安太后王嬿雖是王莽之女，卻與乃父性情不同。自王莽開國，王嬿便整日悶坐深宮，愁眉不展。王莽擬改嫁王嬿，然王嬿矢志不移，志在守節。女兒心結，王莽已無所顧，唯對擁立者，滿懷感激，於是大行封賞。王莽封幼兒劉嬰為定安公，改大鴻臚府為定安公府邸，設看守予以嚴密監視。尊太皇太后王政君為新室父母皇太后，立夫人王氏為皇后，女兒王嬿為安定太后。有些亂，但記住王莽為新朝皇帝，也就可以了。

安頓下家人，王莽遂又封賞擁立他登基為帝的功臣。這裏有個插曲，就是用來矇騙人的所謂「金匱策書」。這是個什麼玩意呢？沒人說得清，那是天授之書，還是哪任皇帝的遺囑。說不清，最好不去說，含含糊糊，模棱兩可，莫名其妙，不知所云，管他是什麼，總之有這麼個東西，藏在高廟之上，上面寫著功臣們的名字，以及所授的爵位。金匱所列新朝輔佐，共十一人，王莽稱之為四輔、三公、四將。王莽的弟弟王舜，為四輔之首。

最為荒唐的，要數四將軍中的王興與王盛，這兩人乃「金匱策書」的杜撰者哀章的隨興之筆。論功行賞時，哀章虛構的這兩位將軍，就成了一個難題。王莽很有些呆氣，說什麼也要手下，找到王興與王盛。私下裏，哀章竊笑不止，又不敢直陳原委。怎麼辦呢？找唄，這世上，總有同名同姓的人吧。也別說，真就有。一個守城門的人，便叫做王興；一個賣餅的人，便叫做王盛，王莽當即召他們入朝，賜給官服，拜為將軍。隋朝楊廣的那句名言，用在王興與王盛身上，沒有那麼合適的了，叫做：「我本無心求富貴，誰知富貴逼人來。」

封的封，賞的賞，王莽怕人家指責他這個皇帝來路不正，便設法連宗，一不留神，連到黃帝那裏。王莽自稱為黃帝虞舜後裔，尊黃帝為初祖，虞舜為始祖，凡姚、嬀、陳、田、王五姓，皆為同宗。這使我們想起後世唐朝的武則天，她自立為帝的時候，也怕人家指責她的正當性，便搬出周禮壓服人。周禮的含混與蹊蹺就在於它的假歷史性，「誰都可以依靠它說自己的政權是正宗」①。

學者的國策

王莽以一個學者建立一個龐大的帝國，中國歷史上僅此一次。他奪取政權的目的與劉邦不同，劉邦之流只是為了稱帝為王，滿足私欲。王莽則有他的政治抱負，他要獲得更大權力，使他能夠把儒家學說在政治上一一實踐，締造一個理想的快樂世界。他認為古代社會中，人人平等，可是到了後來，互相爭奪，遂發生不平等現象。富人有很多土地，窮人則一無所有。男子淪為奴隸，女子淪為婢女。幸而仍保持自由，父子夫婦，終年辛苦耕種，卻不能吃飽。為了改善這種不公平和鏟除造成這種不公平的罪惡，王莽的新政府成立後，即實施一連串的新政策，如：

土地國有制　私人不准買賣，恢復一千二百年以前已廢除了的古代井田制度。八口以下的家庭，耕地不得超過九百畝，超過了的土地，一律沒收，或由地主直接分給他的鄰居或家屬。

耕地再分配　沒有土地的農夫（佃農），由政府分給土地。以一對夫婦一百畝為原則，不滿一百畝的，由政府補足。

凍結奴隸制　雖沒有馬上廢止，但禁止所有奴隸、婢女繼續買賣，以限制奴隸的範圍和數目不再擴大，使它最後自然消滅。

強迫勞動制　凡無業游民，每人每年罰布帛一匹，無力繳納的，由政府強迫他勞役，勞役期間，由政府供給衣食。

強化專賣制　酒專賣，鹽專賣，鐵器專賣，由中央政府統一發行貨幣（從前任何富豪，都可製造銀錢，新政府收回這種授權）。山上的、水裏的天然資源，都為國家所有，由政府開採。

建立信貸制　人民因祭祀或喪葬的需要，可向政府貸款，不收利息。但為了經營農商事業而貸款，則政府收取純利十分之一的本息。

計劃經濟制　由政府控制物價，防止商人操縱市場，以消除貧富不均。食糧、布帛之類日用品，在供過於求時，由政府照成本收買。求過於供時，政府即行賣出，以阻止物價上漲。

徵收所得稅　一切工商業，包括漁獵、卜卦、醫生、旅館，以及婦女家庭養蠶織布，從前都自由經營，現在新政府都課徵純利十分之一的所得稅。政府用這項收入作為貸款或平抑物價的資金。

由這些措施去觀察，不難發現，王莽所從事的是一個驚天動地的全面改革。王莽的新政，此後帝制凡兩千年，無出其右。

新就好嗎

無論從哪方面來講，學者王莽創立的國，都有其不可替代性。然，「新」字打頭的，就一定是好的嗎？王莽給自己的帝國定名新朝，使我聯想到孫中山創立的中華民國，再聯想到毛澤東締造的共和國，叫做新中國。這樣去理解王莽的新朝，是不是容易些呢？王莽的新朝，何嘗不可以理解為新漢、新中國？巧合的是，王莽的新朝制度，多有社會主義的成分在裏面，叫後世如何不把新朝與新中國聯繫在一起呢？

有新便有舊。舊往往被革命者視如洪水猛獸，他們當然也那樣的去渲染。反之，經過革命、經過改革後的新就是好的。王莽時代的人，如何俗語新舊，未詳；但毛澤東時代的人，已非俗語新舊那麼簡單，也不是張口閉口的問題，而是關乎政治、關乎信仰的問題。如言「舊社會」云云，必定是痛斥國民黨、痛斥蔣介石——唯其如此，毛澤東才把他創立的漢室江山，定義為新中國，以區別蔣介石日臻完善了的那個漢室江山——中華民國。既然你自詡為新，那就是好的——人民翻身，當家做主；中華民國就是舊的，人民水深火熱，做牛做馬。有多少代中國大陸的子民，就是在這種意識形態下成長起來的，我也身在其中——我們自小被告知，蔣介石統治下的臺灣人民，水深火熱，我們要去解放他們。違背常情的控訴（憶苦思甜、批鬥會等等），近乎宗教宣誓，而且全國人民皆然。隨著國門洞開，歷史解密，視野放寬，我們才知道，等待解放的，其實不是那所謂的舊集團、舊名號，而恰恰是新朝下的人民。這個解放，並非物質上的，而是我們的思想、我們的價值觀認同。

大陸之漢室江山，自一九七九年改革，到我寫完這本書的二〇一四年，已走過三十多年。每天我們都能聽到改革的聲音，乃至深化改革的聲音。為什麼總要改？一個政權的政策，總是改來改去，三十多年，從不間斷。執政者自言「制度自信」，你都改革三十多年了，你自信在哪裏？美國憲法從制定到現在，兩百多年，隻字未改，那才叫制度自信呀。總在改，也總在每次修改的時候，把私貨（個人意識個人理論個人主義）強行塞入憲法。說白了，這就是打著改革的幌子，樹自己的碑，立個人的傳。這已不是制度自信與否的問題，已然是蹂躪憲法。改革已成幌子，一切以是否有利於執政者個人為檢驗標準，利於他的，利於他那個利益集團的，可以一百年不改變，二百年不改變，永遠永遠不改變，如永恆的執政地位。反之，那就年年改、月月改、天天改、時時改，給人的感覺日新月異、時新天異。那個「新」字上，頂一層露水，時鮮無比。因為新的東西太多，多得令人眼花繚亂，很多所謂的新東西、新改革，不及中午日曬，那「新」字上的露水，已然隨風而去。大到一個國家的制度、政策、法規，小到單位的內部規定，往往全是這樣的運作模式，以及命運走向。

毫無疑問，王莽的改革，王莽的新朝新中國，也只是他個人角度的新，利於他執政的，利於他保持「天下第一好人」稱號的，他都去做，都去改，都去煥然一新。結果如何呢？一切以執政者個人為前提的改革，都會在實踐中，得到應有的反饋。王莽就是很好的例子，他建立新朝前，上自達官貴人，下至士人百姓，近五十萬人上書頌揚他的功德。可他一旦執政，人們又都反對他。為什麼？就是因為他沒有國家的角度、公共的角度，有的只是一己私利。做皇帝，享樂天下，那是他最大的政治追求。

王莽做了皇帝，手握兵權，也不怕人家反對他，享樂為要，於是採選百餘淑女入宮，與之晝夜喧淫。照理說，你個皇帝，管他老不老的，想幸誰，誰還不快著點，那是她的福分哩。可鬚髮盡白的王莽不這麼想，他要在後宮女眷面前扮嫩，以吸引異性。王莽就是書呆子的料，不懂得叢林法則，他當皇帝的，就是後宮這塊森林裏的獅子王，對於那些女人來說，他擁有絕對的交配權，何苦要扮嫩吸引異性呀。可他真就那麼做了，用炭染髮，以墨染鬚。表面上看去，是雄壯了那麼一點點，可內裏早已糟糠不舉，不能如願以償。王莽還不死心，他也許就想，哪個皇帝不首先體現在性占有上，於是徵方士入宮，令他們創製春藥，以使他幸女如常。內裏房事不利，外面起義驟起，王莽無心縱樂，召開高層會議，禦敵去了。就這麼折騰著，就到了王莽末年。

屋漏偏遭連夜雨，新朝中央政府內部發生離叛。為什麼會這樣？你想啊，那中央高官，個個都是人精，誰看不透形勢？天下人擁護皇帝，他們自當願意跟著皇帝吃香的、喝辣的；可當皇帝的鳥位不穩，人人便給自己留後路、找出路。同舟可以，共濟不行，風雨更不行。專制制度下的官員忠於誰？除了他們內心的私欲，他們誰都不忠於。表面之忠，那不過是愚弄皇帝的法寶罷了。

王莽沒有想到，形勢急轉直下，反政府軍很快攻入宮中，他的女兒自投火海，實不知是殉漢，還是殉父。次日夜，亂兵又殺入殿中，狂叫：「反賊王莽何在！」賣餅將軍王盛護衛王莽，他懂什麼戰術，不及搏殺，便死於亂刃之中。二三年，六十八歲的王莽，只做了十五年皇帝，便命喪黃泉。王莽的那個新朝新中國，就此煙消雲散。王莽留給後世的那一連串的「新」，無論如何也讓人想不起究竟「新」在哪裏、好在哪裏。新就好嗎？有些新，比舊還壞千萬倍，但因為打著那杆「新」旗的是皇帝，是手握生殺大權的魔王，那新就是再不好，其統治下的人民為保小命，也會山呼：「好呀！」而他們內心卻狠狠的罵道：「好個屁！」

①黃仁宇，《赫遜河畔談中國歷史》（三聯書店，一九九七年），頁九九。

財產干預政治

記得我們在第二章「天下歸劉」一節，就預先提到過財產干預政治的話題。回看王莽帝國末年，一件不起眼的小事，引起我的注意。王莽也許看不到，但讀歷史的人，因為是回看歷史，自有其高度。更何況旁觀者清呢？是件怎樣的事呢？那就是山東莒縣的一位呂氏，她兒子呂育做縣吏時，犯了個無足輕重的罪，被縣令處死。

家資數百萬的呂氏不服，決心給兒子討個公道，她可選擇的有兩條道：一是拿起法律的武器，二是私了。可是，這兩條道，呂氏一條都沒有選擇。先說「私了」這一條，她兒子都死了，私了還有個什麼意思？不要說縣裏領導不賠錢，就是賠，那呂氏也不缺錢呀。再說「拿起法律的武器」這一條，此話乃當下語，放在新朝來說，似乎很有問題。換句話說，王莽帝國的時候，哪有「拿起法律的武器」一說呀。是沒有，但等同此理吧。王莽帝國的法律武器，其銳利的程度，並不亞於今天的法律武器。我們別忘了，早在王莽稱帝前，他的兩個兒子皆因犯罪抵命。恕我孤陋寡聞，我從沒聽說過，現代專制政權領導人的兒子殺了人，還可以去一命還一命。所以說，王莽帝國的法律，還不完全是個擺設。

既如此，呂氏為什麼不拿起法律的武器，為兒子討回公道呢？這又涉及制度問題。專制之下的法律，具有強烈的靈活性、針對性、選擇性和局限性。靈活性是，同樣的事，放在張三身上就適用，放在李四身上也許就不適用；針對性是，特事特辦，從重從快；選擇性是，可以引用這條法律，也可以引用那條法律；局限性是，天子腳下的案件，關注度就大，山高皇帝遠的案件，就沒有關注度。王莽帝國的法律，規範京城那點事是沒有太大問題的，京城以外，就鞭長莫及了。時語有「政令不出中南海」①，把這句話放到歷屆王朝，同樣有理。這其實就是集權的特點，你分權，讓地方自治，讓地方百姓用選票決定聘誰來管理地方事務，就不存在「政令不出中南海」的問題了。

集權體制因為是統管一切，又有「政令不出中南海」的現實存在，老百姓有了問題，去找地方官員解決，而地方官出自上面的任命，根本不拿百姓當回事。百姓無奈，就以激烈的方式，引起上峰的注意，以期使自己的問題早日解決。這樣的事多了，上峰顧問團以及政策追隨者（多為學閥類政治小爬蟲）就站出來發話，訓誡百姓「要拿起法律的武器」，捍衛自己的權利。這問題是，法律的武器牢牢的掌握在自營政權（諸如宗法傳承與打江山坐江山之類）手裏，從未還權與民（民選政權，司法獨立），你讓人民如何拿起法律的武器？呂氏肯定懂得這個道理，所以，上面我們提到的兩條路，她都沒選擇，而是選擇了自己的道路，那就是通過財產，來干預政治。呂氏的視野一定沒有那麼高遠，但其行動本身所體現的，卻一定是有思想力度的。美國的猶太人財團，用他們手中的美元，常常改寫或至少是影響美國四年一屆的大選，而呂氏利用錢財所做的，只是為兒子報仇。猶太人財團與呂氏走的是兩股截然不同的道，但財產干預政治的實質，卻是一樣的。

呂氏是怎麼做的呢？她從釀美酒開始，然後弄個門面，招惹四方好奇的目光。那一罎一罎的美酒，果就吸引了很多無賴少年，他們試探性地問：「大娘，釀這麼多美酒做甚？」呂氏道：「給你等喝呀。」無賴少年不信：「天下哪有這等好事。我等乃遊手好閒之人，敢情白喝你的？」呂氏把一罎美酒抱到桌上，又端上大塊牛肉：「你等飄零於世，老婦生份憐憫之心，你等也不肯受嗎？」幾個無賴少年不由分說，坐下便大吃大喝起來。從此，一傳十，十傳百，市井無賴者、好吃懶做者、蹭食蹭喝者，紛至沓來。呂氏見那破衣爛衫者，置辦下新衣相贈。不日，呂氏家裏便聚起數百人。

日久天長，其中一人便問呂氏：「大娘，你這是為啥？俺們與你無親無故的，這麼整日吃喝個沒完。有話就說，我等也不昧著良心白吃白喝。」眾人借著酒力說：「是呀大娘，有話你就直說。」呂氏不肯直言。其中一人道：「大娘，我聽說，你兒子被縣令活活打死，忒他娘的欺負人了！」這句話，戳到呂氏的疼處，她哭道：「不瞞各位好漢，我就想為兒子報仇。」那些市井無賴聽呂氏尊稱他們一聲「好漢」，個個摩拳擦掌：「大娘，你就說如何為你兒子報仇吧。我等乃情義之人，有恩必報。」

有位叫徐次之的，自號「猛虎」，他止住廳堂內亂哄哄的聲音：「各位聽我說，大娘報的是大仇，你我豈能做得了？」有人問道：「何謂大仇？」徐次之道：「跟官府鬥，這就是大仇。不能輕舉妄動。以我之見，須先招兵買馬，方可做大事。」呂氏讚道：「所言不差。」次日，呂氏帶上巨額盤纏，與徐次之等，遍走各地，數日即招募亡命徒數千人。隨即，鑄刀造劍，把數千市井無賴、流氓小偷、亡命之徒，打造成一支武裝隊伍。不日，擇定日期，攻打縣城。令人意外的是，烏合之眾，竟輕易城破縣城，斬了縣令。

呂氏死後，她的隊伍併入赤眉軍，成為反中央政府的武裝力量之一。準確說，是呂氏的起事，拉開王莽新朝覆亡的序幕。

由此，想到劉濞的叛亂，因他所處的吳國富有，有經濟能力叛亂，當皇帝的因怕他而除掉他；想到毛澤東開國時，首要的就是把民營資本家滅掉，甚至沒收他們的家產、土地，他試圖創造的就是，人人都是窮人，人人都缺乏造反的資本。人的經濟一獨立，思想就容易獨立；思想一獨立，就容易不聽話，跟中央跟毛澤東叫板。馴獸師如何訓練動物的？就是讓動物時時處於饑餓中，然後棍棒相加。老虎、獅子這些猛獸，在饑餓與棍棒下，乖乖就範。主人獎勵一點塞牙縫的食物，就感激不盡，主人讓牠們做什麼動作，牠們就竭盡全力去做。進而又聯想到俄羅斯的普京，以各種理由，抓捕CEO，沒收他們數億乃至幾十億、上百億的資產。有些CEO聰明，把資產轉移到西方國家。那些錢，有他們貪污來的，也有他們賺來的。無論是何種性質的錢，個人手裏的錢多了，對於專制政權就是一種潛在的威脅。

這就是說，在任何條件下，私人財產之膨脹，總會產生問題。「這私人財富可以立即變為政治權力，有時這些財富也避免不了在政治場合之中角逐。司馬遷提出，西元前一五四年，很多王國全面叛變之際，西安的一個商人在三個月之內，所貸之款獲利十倍。在這情形之下，他所貸之款在支持朝廷之中央軍，可是不同情況之下，私人之財也可以支持叛軍。在更為特殊情形之下，鄉村間之財富更可以促成變亂。」②呂氏就是很好的一例。

歷史對王莽的評價出現兩極：篡位者、偽君子、言論操縱者；理想主義者、革命性人物。起初，民眾受不了王莽的壓榨，比較起來還是漢朝好些；不料更始帝更凶暴，又覺得還是王莽好些。政權顛來倒去，老百姓都不知道哪個狗娘養的好了。這就是專制社會的特點，一代更比一代壞。

---

① 二〇一二年三月十五日，時任中國國務院總理的溫家寶在記者會上說：「群眾說，政令不出中南海，我聽了感到十分痛心。」

② 黃仁宇，《中國大歷史》（三聯書店，一九九七年），頁六五。

血歷史63　PC0439

新銳文創
INDEPENDENT & UNIQUE

漢室江山興衰史

作　　者	魏得勝
責任編輯	段松秀
圖文排版	連婕妘
封面設計	楊廣榕
出版策劃	新銳文創
發 行 人	宋政坤
法律顧問	毛國樑　律師
製作發行	秀威資訊科技股份有限公司 114 台北市內湖區瑞光路76巷65號1樓 電話：+886-2-2796-3638　傳真：+886-2-2796-1377 服務信箱：service@showwe.com.tw http://www.showwe.com.tw
郵政劃撥	19563868　戶名：秀威資訊科技股份有限公司
展售門市	國家書店【松江門市】 104 台北市中山區松江路209號1樓 電話：+886-2-2518-0207　傳真：+886-2-2518-0778
網路訂購	秀威網路書店：http://www.bodbooks.com.tw 國家網路書店：http://www.govbooks.com.tw
出版日期	2015年3月　BOD一版
定　　價	350元

Printed in Taiwan

國家圖書館出版品預行編目

漢室江山興衰史 / 魏得勝著. -- 一版. -- 臺北
市 : 新銳文創, 2015.03
面 ;　公分. -- (血歷史 ; PC0439)
BOD版
ISBN 978-986-5716-50-9 (平裝)

1. 漢史

622　　　　104001516

讀者回函卡

感謝您購買本書，為提升服務品質，請填妥以下資料，將讀者回函卡直接寄回或傳真本公司，收到您的寶貴意見後，我們會收藏記錄及檢討，謝謝！

如您需要了解本公司最新出版書目、購書優惠或企劃活動，歡迎您上網查詢或下載相關資料：http:// www.showwe.com.tw

您購買的書名：＿＿＿＿＿＿＿＿＿＿＿＿＿＿＿＿＿＿＿＿

出生日期：＿＿＿＿年＿＿＿＿月＿＿＿＿日

學歷：□高中(含)以下　□大專　□研究所(含)以上

職業：□製造業　□金融業　□資訊業　□軍警　□傳播業　□自由業

□服務業　□公務員　□教職　□學生　□家管　□其它＿＿＿

購書地點：□網路書店　□實體書店　□書展　□郵購　□贈閱　□其他

您從何得知本書的消息？

□網路書店　□實體書店　□網路搜尋　□電子報　□書訊　□雜誌

□傳播媒體　□親友推薦　□網站推薦　□部落格　□其他＿＿＿＿＿

您對本書的評價：(請填代號　1.非常滿意　2.滿意　3.尚可　4.再改進)

封面設計＿＿　版面編排＿＿　內容＿＿　文／譯筆＿＿　價格＿＿

讀完書後您覺得：

□很有收穫　□有收穫　□收穫不多　□沒收穫

對我們的建議：＿＿＿＿＿＿＿＿＿＿＿＿＿＿＿＿＿＿＿＿

＿＿＿＿＿＿＿＿＿＿＿＿＿＿＿＿＿＿＿＿＿＿＿＿＿＿

＿＿＿＿＿＿＿＿＿＿＿＿＿＿＿＿＿＿＿＿＿＿＿＿＿＿

＿＿＿＿＿＿＿＿＿＿＿＿＿＿＿＿＿＿＿＿＿＿＿＿＿＿

請貼
郵票

11466
台北市內湖區瑞光路 76 巷 65 號 1 樓
秀威資訊科技股份有限公司 收
BOD 數位出版事業部

（請沿線對折寄回，謝謝！）

姓　　名：＿＿＿＿＿＿＿＿＿＿　年齡：＿＿＿＿　性別：□女　□男

郵遞區號：□□□□□

地　　址：＿＿＿＿＿＿＿＿＿＿＿＿＿＿＿＿＿＿＿＿＿＿＿＿＿＿

聯絡電話：(日)＿＿＿＿＿＿＿＿＿＿＿＿ (夜)＿＿＿＿＿＿＿＿＿＿＿＿

E-mail：＿＿＿＿＿＿＿＿＿＿＿＿＿＿＿＿＿＿＿＿＿＿＿＿＿＿